ELADIO RODRÍGUEZ OTERO

OBRAS COMPLETAS

ELADIO RODRÍGUEZ OTERO

OBRAS COMPLETAS

I • **IDIOMA**
II • POLÍTICA
III • RELIGIÓN Y MORAL
IV • ATENEO

San Juan de Puerto Rico
2008

Eladio Rodríguez Otero, Obras Completas, Idioma ©

Primera Edición: 2008

Editores: Sucesores de Eladio Rodríguez Otero ©
Directores:
  Josefina Marxuach de la Cuétara Vda. de Rodríguez Otero
  Eladio Rodríguez Marxuach

Diagramación: Marcos R. Pastrana Fuentes

Dirección postal:
  Miguel Juan Rodríguez Marxuach
  Apartado 16636
  San Juan, Puerto Rico 00908-6636

Correo electrónico: info@eladiorodriguezotero.com
Página web: eladiorodriguezotero.com

Composición fotográfica de la portada, fotografías de la mascarilla y mano: Josefina Rodríguez Marxuach

Obras completas (Tomos I al IV)
ISBN-13: 978-0-9795080-1-1
ISBN-10: 0-9795080-1-0

Idioma (Tomo I)
ISBN-13: 978-0-9795080-2-8
ISBN-10: 0-9795080-2-9

Rodríguez Otero, Eladio
  Eladio Rodríguez Otero, Obras Completas, Idioma

    1. Puerto Rico – Ateneo Puertorriqueño, Cultura, Historia, Idioma, Iglesia Católica, Independencia, Moral, Nacionalismo, Obispos católicos, Patriotas, Política, Próceres, Religión. 2. Estados Unidos-Colonialismo, Política Exterior. 3. Colonialismo-Estados Unidos, Puerto Rico. 4. Imperialismo-Estados Unidos

Impreso en Colombia-Printed in Colombia
Por D'vinni S.A.

AGRADECIMIENTOS

Los Editores agradecen primeramente al Creador de todas las Patrias terrenales el haber sostenido nuestros trabajos editoriales hasta la culminación de esta obra; además, agradecen a Roberto Beascochea Lota los conceptos iniciales relacionados con el ordenamiento de los documentos, a Isis B. Pagán Peña la clasificación de gran parte de los mismos, a Marcos R. Pastrana Fuentes la transcripción gráfica y los trabajos de diagramación, a Joanne Veve Ortiz el apoyo brindado a los Editores y, finalmente, a José Francisco Cadilla Bernal por la última revisión de los textos.

ELADIO RODRÍGUEZ OTERO

OBRAS COMPLETAS

TABLA DE CONTENIDO

IDIOMA

ARTÍCULOS PERIODÍSTICOS

DEDICATORIA

A la Nación Puertorriqueña, con el anhelo de que, en un cercano día, sus hijos nutran sus raíces, vivan su presente y proyecten su futuro fundamentados en la trilogía de aquellos amores que formaron los sueños y desvelos de Eladio Rodríguez Otero: *Dios*, *Patria* y *Familia*.

Los Editores

Eladio Rodríguez Otero
1919-1977

DATOS BIOGRÁFICOS

Eladio Rodríguez Otero nació el 9 de mayo de 1919 en Río Piedras, Puerto Rico. Fueron sus padres Eladio Rodríguez Portela y Carmen Otero Salgado. Contrajo matrimonio en diciembre de 1951 con Josefina Marxuach de la Cuétara, procreando seis hijos: Eladio, Josefina, Carmen Teresa, María Isabel, Miguel Juan y María del Pilar. Murió el 1 de mayo de 1977 en San Juan de Puerto Rico.

Hizo sus estudios primarios en la Escuela Hawthorne, de Río Piedras, graduándose de la Escuela Superior de la Universidad de Puerto Rico en el 1935. Obtuvo el grado de Bachiller en Artes de la Universidad de George Washington en 1939, y el de Bachiller en Derecho de la Universidad de Puerto Rico en 1942. Hizo dos maestrías en la Universidad de Harvard. La primera en Derecho, en 1943, y la segunda en Artes, con especialización en Ciencias Políticas, en 1947.

Catedrático Asociado en Ciencias Políticas de la Universidad de Puerto Rico de 1947 a 1948, y del Colegio Universitario del Sagrado Corazón, de 1948 a 1949. Ejerció su profesión de abogado del 1948 al 1961.

Fue Presidente del Centro Católico de la Universidad de Puerto Rico de 1941 a 1942, y delegado de los Universitarios Católicos de Puerto Rico, Santo Domingo y Haití ante los Congresos de la Confederación Iberoamericana de Estudiantes Católicos y de Pax Romana celebrados en Bogotá, Colombia, en julio de 1941.

Participó activamente como escritor en la vida intelectual, cultural y política de Puerto Rico iluminando las conciencias de sus compatriotas e impactando la opinión pública con sus discursos, declaraciones y artículos periodísticos.

Perteneció, entre otras, a las siguientes organizaciones e instituciones, donde ocupó los siguientes cargos: sub-Director de la revista cultural universitaria *Criterio* (1936); redactor del semanario universitario *SER* (1941); miembro fundador de la Junta Directiva de la Unión Pro Defensa de la Moral Natural (1951); miembro fundador de la Directiva de la Sociedad Obispo Arizmendi Pro Defensa del Idioma (1962); miembro fundador del Comité Permanente Pro Obispos Puertorriqueños (1962-1965); co-fundador y primer vice-Presidente del Congreso Puertorriqueño Anticolonialista (1962-1965); miembro de la Junta de Gobierno del Instituto Puertorriqueño de Cultura Hispánica (1965-1971); miembro de la Junta de Gobierno del Ateneo Puertorriqueño desde 1965; Presidente del Comité Pro Defensa del Idioma (Ateneo; 1967); y Presidente del Ateneo Puertorriqueño desde 1967 hasta su fallecimiento en 1977; miembro de la Comisión del Colegio de Abogados sobre el Impacto Económico y Social de la Inmigración en Puerto Rico (1966-1967); miembro de la Junta de Directores del Museo de Bellas Artes de Puerto Rico (1966); Presidente de la Organización Puertorriqueña de Inversiones y Servicios, Inc. (OPIS), 1966; miembro fundador y de la Junta de Directores de la Sociedad Bolivariana de Puerto Rico (1969); miembro correspondiente del Instituto de Estudios Históricos Mirandino de Venezuela (1969); miembro del Instituto de Literatura Puertorriqueña (1970); miembro de la Comisión de la Revista del Colegio de Abogados (1971); miembro de la Junta de Directores del Instituto de Estudios Jurídicos del Colegio de Abogados de Puerto Rico (1971); asesor del Comité de Historia y Cultura de la Asociación Médica de Puerto Rico (1972-1976); consejero de la Asociación Puertorriqueña de la UNESCO (1973-1977); Académico Electo de la Academia Puertorriqueña de la Lengua Española (1976); miembro de la Academia de Artes y Ciencias de Puerto Rico.

Abogado, catedrático, escritor, intelectual católico, líder cívico y cultural, empresario, al fallecer en 1977, a los 57 años, su cuerpo fue expuesto en capilla ardiente en el Ateneo. Allí, en la sede de la Institución que tanto amó, innumerables personalidades y representantes de diversas organizaciones de la nación le brindaron últimos honores con sentidas guardias de honor. La misa de su sepelio, co-celebrada por varios sacerdotes[1], fue presidida por el Obispo de Caguas, monseñor Rafael Grovas Félix. Entre los honores póstumos que recibió cabe mencionar el Premio de Honor del Ateneo Puertorriqueño así como la Encomienda de Isabel la Católica por parte del Gobierno de España. Luego de su muerte fueron muchos los panegíricos sobre su

---

[1] Por los padres Juan José Santiago Asenjo (Superior de la Orden de la Compañía de Jesús en Puerto Rico, en 1977), Jorge Ambert Rivera, Rafael Torres Oliver (Misionero Redentorista encarcelado el 3 de agosto de 2001 por la llamada Corte Federal —Tribunal del régimen colonial norteamericano en Puerto Rico— durante los actos de desobediencia civil pacífica en Vieques), Vicente R. Pierino, Juan L. Pedraz, y Venard Kansush.

persona en la prensa del país[2]. Por su calidad poética citamos unas líneas de uno de éstos, escrito por el senador Justo Méndez, el cual, en su artículo titulado *Corona para un amigo*, escribió:

No fue abatido en su vuelo de águila por el aguijón de la envidia. A medida que arreciaba la lucha por mantener inclaudicable los principios de libertad en la Docta Casa, crecía su imagen como si hubiese recibido las aguas bautismales de un apostolado del Culebrinas.

Hoy ya no puedes volver a pisar la tierra de tu Patria. Amigo Eladio, hoy, eres parte de la memoria de recuerdos que poblan sus cielos de gloria, hoy más que verbo, eres luz en el firmamento de su historia. ¡Dichosos los hombres que como tú, pueden llevarse al infinito un poco de su Patria! Nadie muere si alguien le recuerda.

Aquella tarde, llena de luces en que bajabas por última vez la ladera cubierta de flores de tu eminencia de puertorriqueño, un silencio profundo, de apretada majestad, de dolor y de tristeza iba detrás de ti como ofrenda de un pueblo agradecido[3].

---

[2] Véase dos de éstos y una carta de condolencia que reproducimos luego de los datos biográficos, págs. xvii, xix, xxi.

[3] *El Mundo*, 26 de mayo de 1977.

COURAGE—THE SUPREME MERIT

Por Harold Lidin*

"Courage is the supreme merit of a man. Courage is the supreme virtue of a man, and it is cultivated as a virtue is cultivated and it can be lost as every virtue can be lost..." Courage, the late Nationalist Party leader Pedro Albizu Campos said in a memorable 1936 graveside eulogy, "is what enables a man to stride firmly and serenely through the shadows of death."

Much graveside praise was rendered to Eladio Rodríguez Otero at his funeral last week. He was applauded for his sacrifices in behalf of the Ateneo, for his life-long defense of Puerto Rican cultural values. The plaudits were deserved. But I wonder how well they caught the uniqueness of Eladio. Somebody could have quoted Albizu on courage.

It could be said, tritely but correctly, that Eladio "had the courage of his convictions." This cliché, though, fails to convey much about Eladio's brand of courage. His courage was the sort that is specially hard for the wealthy man, for the educated man, for the formal man. It is the courage to be willing to be mocked.

I almost wrote: "The courage to play *Don Quijote*." That statement too would have its justification; for Eladio looked like Quijote at times. When he helped organize the Christian

---

* Periodista.

Action Party in 1960, in a challenge to the Popular Democratic Party juggernaut, Eladio was tilting with windmills. But Eladio was no Quijote, not essentially.

The man Cervantes created was an incompetent, a dweller in a dream world. Eladio was very much a man competent in this world. As a lawyer and scholar he merited respect. As a businessman he won the envy of the island's auto dealers. As a land dealer, Eladio more than matched the wheeler-dealers that scampered about Puerto Rico in the Operation Bootstrap heyday.

The rare in Eladio was that he could participate in all this: in the bartering, in the bickering and in the windfalls; and then, at a given moment, Eladio could set all this aside, pick up a lance, mount a charger and gallop off to do battle in behalf of some cause.

Sometimes Eladio would fall from his charger, some of the rivals with whom he jousted were overwhelming. But if the Lords and Ladies in the stands snickered, or if the boys back at the banks thought him quijotesque, Eladio had his own priorities and he held to them. Some times his convictions carried him into the most unlikely of conflicts: it was Eladio, the devout Catholic, who co-directed the rough, the embarrassingly public campaign in favor of appointing local clergy as the Catholic bishops of Puerto Rico.

A later conflict, the battle he joined with the Marxists in 1972, in his memorable De Diego Day[1] speech, may have been one of the most difficult actions Eladio ever ventured. Not philosophically, for he had no Socialist past to recant; and he could defend himself dialectically. But in tackling the Socialists, Eladio knew he was warring upon an important sector of the pro-independence forces; and this knowledge could have been profoundly depressing. For no cause was closer to Eladio's heart than the independence of Puerto Rico, unless it was the Catholic Church.

That Eladio involved himself in internecine strife over both causes was a measure of his integrity, of his courage.

The San Juan Star, 11 de mayo de 1977.

---

[1] Nota de los Editores: Véase en el tema de *Política* bajo *Palabras*, "Celebración del 107 Aniversario del Natalicio de José de Diego" con fecha de 16 de abril de 1973, pág. 461.

EN LA MUERTE DE RODRÍGUEZ OTERO

*Por José Ferrer Canales**

Ante la muerte se deponen todas las diferencias. La muerte nos iguala, nos acerca. Vemos con ella, más allá de nuestras máscaras y nuestros límites, para destacar lo esencial y definitivo y para ofrendar los laureles merecidos.

Martí, que nos habla sobre la muerte como de la almohada, tiene una página que evoco en esta trágica hora: *Tres héroes.* Define allí la libertad —a la que se acercó Eladio Rodríguez Otero—, como el derecho de todo hombre "a ser honrado y a pensar y hablar sin hipocresía".

Evoco esa página también porque después de decirnos el Apóstol que Bolívar, Hidalgo y San Martín son sagrados, afirma que los hombres no son más perfectos que el sol: "El sol tiene manchas" —dice. "Los desagradecidos no hablan más que de las manchas. Los agradecidos hablan de la luz". Y nosotros somos agradecidos.

Yo le canto a la luz que había en Eladio Rodríguez Otero. Desde su perspectiva, defendió con su palabra escrita y con su verbo, sus ideas, su pensamiento. Le escuché citar nombres

---

* Catedrático.

xix

que lo emocionaban: el del Papa Juan XXIII, que representa la visión ecuménica de la vida; el del reverendo, doctor Martín Lutero King, que encarna los derechos civiles; el del Mahatma Gandhi, manojo de huesos, alma encendida por la libertad de su India; el de Albert Schweitzer, que es la dación total, la entrega generosa; los del Patriarca, Betances, del héroe moral Hostos, y del poeta lírico y cívico, José de Diego, quienes simbolizan la legítima aspiración de entera libertad, independencia y soberanía para nuestra patria puertorriqueña. Eso es noble siembra. Metafóricamente, eso es luz que agradecemos.

Entre los problemas de nuestra cultura, consistentemente defendió la enseñanza en el vernáculo, en español. Frente a los que propugnan aquello que José Enrique Rodó llamó hace tres cuartos de siglos nordomanía, frente a los que quieren la desnacionalización, la ruptura del genio del alma nuestra, Eladio Rodríguez Otero defendió con inteligencia, saber pedagógico y pasión de justicia, el sacramento de la palabra hispánica con los matices puertorriqueños, hispanoamericanos.

Duele ver caer en plena juventud, vigor y entusiasmo a un ciudadano consagrado a una causa en la que cree. Duele que no hayamos podido leer los libros que nos había prometido.

Porque puso corazón, experiencia, armas intelectuales al servicio de su esperanza, porque murió en la trinchera de sus ideas y en el suelo de nuestro Puerto Rico —sin evasiones suicidas— cumpliendo el deber de la inteligencia, dada a solucionar los graves problemas de la patria y en lucha contra la colonia, dejamos conmovidos —estremecidos—, la flor de nuestra gratitud, los laureles de nuestro agradecimiento junto al nombre que —más allá de toda polémica—, queda con relieve inmarcesible en la historia de la cultura nacional: Eladio Rodríguez Otero.

No hay duda: ¡vibrará ese nombre junto a los de Tapia y Elzaburu!

El Mundo, 4 de mayo de 1977.

CARTA DE CONDOLENCIA

6 de mayo de 1977

Sra. Josefina Marxuach Vda. de Rodríguez Otero e hijos
Santurce, Puerto Rico

Estimada doña Josefina, Eladio, Josefina, Carmen Teresa, Miguel Juan, María Isabel y María del Pilar:

Es ahora, luego que la pena por el fallecimiento de su querido esposo y padre estoy seguro se ha trocado por el recuerdo y el consuelo de saber que vivió bien, que les escribo esta carta; de haberlo hecho antes, sólo hubiera logrado añadir al inmenso dolor de ustedes mi profundo pesar.

Cuando me enteré el lunes en Aibonito de la tragedia ya era muy tarde para estar con ustedes, pero les aseguro que el Dios de la iglesia de Aibonito, en el que tanta fe puso Eladio, recogió una plegaria sincera.

En la lucha por nuestra libertad hay una virtud que sobre todas descolla, la constancia. Y Eladio mantuvo su ideal desde sus años de estudiante. De muy pocos puede decirse eso en nuestra patria.

Son contadas las familias puertorriqueñas que tienen el recuerdo que ahora está en ustedes para siempre. Son muy afortunados en haber tenido como esposo y padre a un hombre que recogió la bandera de De Diego y dio la lucha por nuestro lenguaje, que es nuestra alma, y por la puertorriqueñización de nuestra religión al lograr, casi solo, el nombramiento de una jerarquía criolla, hecho que tiene enormes proyecciones sicológicas de gran raigambre patriótica. Ya quisieran los más preclaros de nuestros hijos tener dos coronas como las anteriores.

Mantuvo además Eladio una recia templanza de carácter que indicaba la naturaleza inquebrantable del ideal. Pudo haber medrado a la sombra del árbol de las prebendas coloniales con suma facilidad, al igual que muchos de sus contemporáneos, pero el esposo y padre de ustedes no estaba sujeto al mercado colonial.

Me honré con su amistad y nada más justo que su familia hoy lo sepa ya que el trajín de nuestras vidas no me permitió una mayor intimidad para poder comunicárselo a él personalmente.

Quiero además decirle a ustedes que este puertorriqueño que lleva en su corazón el mismo fuego libertario y eterno que alumbró el de su padre, es también su amigo y servidor y está hoy más que nunca a su entera disposición.

Su compatriota,

Rubén Berríos Martínez*

---

* Presidente del Partido Independentista Puertorriqueño.

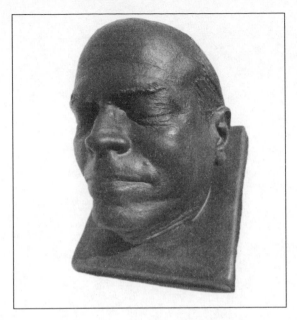

Mascarilla y vaciado de la mano de
Eladio Rodríguez Otero,
realizado por el escultor Tomás Batista.

xxiii

PRÓLOGO A LAS OBRAS COMPLETAS

"Esa concatenación de milagros que es mi vida"... así resumió Eladio Rodríguez Otero su existencia a un buen amigo[1] suyo, el cual comprendió a cabalidad el profundo pensamiento que contenía dicha expresión. Milagro también fue para Puerto Rico la vertical y diestra pluma de Rodríguez Otero por haber sido –cual voz en el desierto– la voz bravía de un laico católico en un país –una cultura y un mundo– que podríamos decir que ha ido rechazando y aniquilando el sustrato católico de sus cimientos. Inmerso, como estamos todos, en esa realidad que Hilaire Belloc denominó "el nuevo paganismo"[2], y rechazando de plano, sin ambages, la vorágine relativista del mundo contemporáneo, el autor, no obstante, ahondando en las centenarias raíces de nuestra nación, se proyectó hacia el futuro con entusiasmo y confianza. Fue su voz la del profeta que denuncia, pero, a su vez, aquélla que cifra esperanza en un

---

[1] Según me lo comentó, en varias ocasiones, el catedrático José Francisco Cadilla Bernal.

[2] Un devastador paganismo, porque contrario al paganismo anterior a la Revelación, que buscaba la Luz abriéndose camino desde las sombras, este nuevo paganismo constituye un rechazo a la Luz, a la Revelación. Véase: *Essays of a Catholic*, por Hilaire Belloc, Capítulo I, "The New Paganism", Tan Books, 1992, pág. 3.

futuro providencialmente dirigido. Aguijón para todos los sectores del actual panorama puertorriqueño: los que no logran reconocer el suicidio cultural que implicaría la estadidad federada para nuestra nación; los que no reconocen la indignidad del presente estado colonial y el atolladero económico al cual aceleradamente nos conduce; los que promueven una libertad patria basada en el respeto a los derechos colectivos pero no al de los derechos individuales y *naturales;* finalmente, los que, dignificados con vestiduras eclesiásticas, piensan que el resto de los mortales no habremos de diferenciar entre la virtud de la Prudencia y la de la Fortaleza.[3]

No nos sorprende, por tanto, tomando en consideración lo anteriormente señalado, que, estando en adición la voz de nuestra gesta libertaria —con anterioridad y con posteridad a su muerte— casi toda en manos de las fuerzas izquierdizantes del país, y habiéndolas Rodríguez Otero confrontado y derrotado en el Ateneo, no nos sorprende la determinación de estas fuerzas de intentar opacar y esconder la obra[4] y figura de Eladio Rodríguez Otero. Toca a las futuras generaciones redescubrir su gesta, que, como laico y líder sumamente activo en los asuntos públicos de nuestra nación, es única en la historia del catolicismo puertorriqueño. Única por el tesón, la ortodoxia, la inclaudicabilidad y, sobre todo, la *valentía* con la que defendiera tajantemente sus ideales, los cuales siempre fundamentó en sólidos principios católicos. Como certeramente captara el distinguido periodista Harlod Lidin: "For no cause was closer to Eladio's heart than the independence of Puerto Rico, unless it was the Catholic Church."[5] Sin restarle importancia a la función que desempeñan los partidos políticos, observará el lector que el escenario del autor no fue el de la política partidista. Se

---

[3] y [4] [Por ser estas notas extensas se han colocado al final del prólogo.]

[5] Véase, en el tema del *Idioma,* en la pág. xvii, el panegírico sobre el autor escrito por Harold Lidin titulado: "Courage –The Supreme Merit."

lanzó al ruedo de la cosa pública con sus escritos en la prensa del país y con sus discursos, ponencias y ensayos en las múltiples actividades culturales en las cuales participaba.

El escritor comprendió que su existencia había sido una concatenación de milagros; así podríamos, de igual manera, imaginar nuestra existencia nacional. ¿No constituye un verdadero milagro el haber sobrevivido como nación latinoamericana a pesar de todavía ser colonia –van más de cien años– del imperio más poderoso que haya conocido la Humanidad? ¿No constituye un milagro el haber podido preservar nuestra cultura ante situación tan adversa? ¿No es un milagro el espíritu que unió a nuestro Pueblo en el reclamo de sus derechos cuando hizo valer, con patriótico empeño, el respeto a su *integridad nacional* en Vieques y Culebra?

Como en ocasiones nos dijese Rodríguez Otero, nuestra nación tendrá que tomar, en un futuro cercano, uno de los dos rumbos que se le presentan ante su dilema existencial: el de los que afirmamos nuestra *nacionalidad*, queriendo que florezca hasta el máximo de sus posibilidades (ya sea en la asociación con soberanía o la independencia), o el de los que, por desgracia, quieren truncar su crecimiento llegando al extremo... ¡de negarla!

Rogando a Nuestra Señora de la Providencia que, cual especialísima intercesora, nos envíe tanto el espíritu unitario como los líderes con los carismas necesarios para que se sigan suscitando los milagros que nos han permitido y nos permitirán, con la ayuda de Dios, preservar nuestra identidad, quedamos confiados en que la presente obra ayudará a todos los puertorriqueños a caminar, providencialmente, por esa ruta en la cual Eladio Rodríguez Otero ofrendase sus luchas y su vida: ¡La de nuestra afirmación católica y nacional!

Eladio Rodríguez Marxuach

Notas

[3] Véanse los artículos periódicos "La Iglesia, los Obispos y la política" y "¿Quiénes realmente 'hacen política'?", los cuales aparecen en el tema de *Religión y Moral*; págs. 52-60 en dicho tema. Del segundo artículo citamos las siguientes palabras:

Resumamos: todos los obispos y sacerdotes del mundo, sin excepción, consciente o inconscientemente, directa o indirectamente, con el silencio o con la acción, hacen política. Intervienen en la política en el sentido fundamental de afectar con su actitud, positiva o negativa, el gradual desarrollo de la justicia y la libertad de los hombres y los pueblos. Pocos son, sin embargo, los que, como don Helder Cámara, hacen la política correcta: la que tiene por meta la realización, en la vida colectiva, de los grandes ideales cristianos.

---

[4] Los Editores de las *Obras Completas* hemos dividido la misma en cuatro temas –un tomo por cada tema– los cuales hemos denominado: *Idioma, Política, Religión y Moral, Ateneo*. No hemos pretendido publicar todo y cada escrito de Eladio Rodríguez Otero de forma exhaustiva. Sí se ha publicado sustancialmente toda su obra, seleccionando, en ocasiones, lo mejor de su pluma y lo que hemos entendido más relevante para nuestro país. Así las hemos editado, ya que, por lo general, las obras que recopilan todo lo escrito por un autor resultan abrumadoras. Tal es el caso, por ejemplo, con los trabajos de los cursos universitarios, los cuales no hemos incluido por tener éstos un carácter y estilo académico un tanto circunscrito a temas y condiciones muy particulares.

Simultáneamente con la primera edición de *Eladio Rodríguez Otero, Obras Completas* hemos publicado, del mismo autor, el libro titulado *Función del Ateneo en el proceso histórico de Puerto Rico; reflexiones sobre un tema vital*, libro inédito de Rodríguez Otero producto del posterior desarrollo del discurso pronunciado por él en el Ateneo Puertorriqueño el 29 de junio de 1971, en ocasión del acto conmemorativo del 95 Aniversario de la Fundación de dicha Institución. El discurso ha sido incluido en las *Obras Completas*. El libro inédito no se ha incluido en las *Obras Completas* para evitar las repeticiones que hubiesen existido de publicarse juntos ambos trabajos y, a su vez, para preservar las sustanciales aportaciones que, en el desarrollo del tema, logró posteriomente el autor, así como para preservar el carácter inédito del libro.

PREFACIO AL TEMA DEL IDIOMA

Causa inquietud que todavía, en los albores del Siglo XXI, surjan personas que afirmen, como un hecho incuestionable, que el uso del idioma español en nuestra patria es algo que jamás dejará de ser una realidad, ya que, según éstas, el idioma se conserva en Puerto Rico "por sí mismo" o "por sí solo".

Sostener que las lenguas no mueren, o no puedan ser desplazadas, cuando los Pueblos no las aman y defienden, es desconocer la historia de la Humanidad. Todavía más, es desconocer las luchas que, en defensa de nuestra lengua, libraron tantos hombres y mujeres de nuestra nación.

He aquí, pues, una recopilación, para la presente y futuras generaciones, de las aportaciones que, a esa lucha, con su verbo y pluma, realizara Eladio Rodríguez Otero.

Si bien es un hecho histórico que Rodríguez Otero lideró importantes campañas en defensa de nuestro idioma —algunas de éstas inconclusas, a la espera de ser culminadas[1]— creo relevante señalar que siempre defendió nuestro idioma, aún en los más mínimos detalles de su quehacer. Nos decía que el idioma se defiende al escogerse el nombre cuando se establece un negocio propio, cuando se escoge el nombre de un edificio o de una urbanización, cuando se imprime una dirección en un papel timbrado e incluso vía la virtud de la perseverancia.

---

[1] [Por ser esta nota extensa se ha colocado al final de este Prefacio.]

El lector se preguntará: ¿qué tiene que ver la perseverancia con la defensa del idioma? Recuerdo que, siendo yo un joven, mi padre tenía su oficina en el piso 18 del edificio del Banco Popular, en Hato Rey. Casi diariamente, de camino a la misma, se topaba en el pasillo con un norteamericano que lo saludaba simpáticamente en inglés, diciéndole: "Good morning". Mi padre también le saludaba amigablemente, diciéndole: "Buenos días". Así pasaron bastantes años. Para sorpresa y agrado de mi padre, cierto día el norteamericano le saludó por primera vez en español, saludo que siguió dando en ese idioma desde aquel momento. Luego del feliz desenlace, al relatarme la anécdota, no me la narraba de manera jactanciosa, sino con la alegría de saber que (siendo nuestra patria una nación hispanoamericana) las cosas, la lógica, el mutuo respeto, habían llegado a su lugar. ¡Cómo sería el mundo si los Pueblos poderosos respetaran la cultura de todos los Pueblos!

Esperemos que ese respeto pueda ser realidad, en un futuro cercano, pero, en lo que llega ese día, arreciemos la defensa de nuestro idioma, la cual es obligación de todos. Sin claudicar ante falsas y acarameladas teorías de amabilidad y cortesía, recordemos las certeras y vigentes palabras de Eladio Rodríguez Otero:

Nunca podrá encarecerse suficientemente la defensa y protección que debemos darle a nuestro idioma. Es nuestra última trinchera. Ningún puertorriqueño que se precie de serlo puede asumir ante la suerte de nuestro idioma una actitud de frívola despreocupación. Y mucho menos plantearse la duda, como ya lo hacen algunos, muchos de ellos personas de buena voluntad, inteligentes y tituladas, de si después de todo da lo mismo que sea uno u otro nuestro idioma, como si la lengua fuese algo extrínseco a la personalidad, como si no fuese parte tan irremplazable de cada ser humano como lo es su propio corazón.[2]

---

[2] Véase bajo *Ponencias*, en el tema de *Política*, "La personalidad cultural de Puerto Rico y el *status* político", con fecha de 31 de julio de 1965, pág. 499.

Ciertamente constituye una heroica victoria para los puertorriqueños el haber podido conservar nuestro idioma, bajo condiciones muy adversas, luego de más de 100 años de coloniaje norteamericano. Pero si bajamos la guardia ante aquellos que, desconociendo nuestra historia y nuestras luchas, pretenden hacernos creer que el idioma se defiende "por si solo", corremos el riesgo de perder "nuestra última trinchera".

Eladio Rodríguez Marxuach

[1] He aquí algunos de los proyectos inconclusos, en defensa del idioma, que el autor dejase en agenda para las próximas generaciones, en virtud de claros razonamientos sustentados tanto en la lógica como en la justicia y la necesidad, (Las citas han sido tomadas de las páginas que se indican en el tema del *Idioma*.):

Otro aspecto de señalada importancia ... es la recomendación para que "se legisle con el fin de armonizar la política educativa de las instituciones de enseñanza privada ... con la política y objetivos educativos del gobierno de Puerto Rico", y para que "el Departamento de Instrucción revise su política de acreditación de las escuelas privadas a los fines de lograr una mayor vinculación y supervisión sobre dichas instituciones". Estas recomendaciones tienen como propósito principal el proteger a alrededor de 50,000 niños puertorriqueños de los nocivos y perturbadores efectos de la enseñanza de los conocimientos en un idioma que no es su vernáculo. Todo ello sin detrimento de que el inglés se enseñe, con especial énfasis, como idioma.

Invito al señor Secretario de Instrucción Pública a estudiar, con detenimiento, el informe que acaba de adoptar el Colegio de Abogados de Puerto Rico, principalmente en el aspecto del idioma y de la personalidad cultural puertorriqueña, porque —digámoslo con absoluta franqueza— no es posible que se siga permitiendo, por razones que nada tienen que ver con la ciencia pedagógica, que en nuestro país existan dos sistemas educativos en abierto conflicto en cuanto a sus métodos y propósitos, como lo son el de la escuela pública, que enseña en el vernáculo, y el de la mayor parte de las escuelas privadas que, en clara oposición a la cultura puertorriqueña y a las normas pedagógicas universalmente reconocidas, se obstinan en mantener la enseñanza de los conocimientos en un idioma que no es el vernáculo de sus estudiantes.

Una vez más el Colegio de Abogados le señala al gobierno del Estado Libre Asociado el camino que conduce a las más fundamentales reivindicaciones puertorriqueñas (págs. 114-115).

¿En qué otros países existe un sistema educativo en el cual se enseñe obligatoriamente un idioma extranjero desde el primer año de escuela elemental? Contestación: En ninguno. Segunda: ¿Es Puerto Rico la excepción por razones pedagógicas y culturales o por razones políticas? Si somos la excepción por razones de superioridad pedagógica y cultural, entonces sería deber moral nuestro comunicarle la buena nueva al resto del mundo para que nos imite; si, por el contrario, somos la excepción por razones de inferioridad pedagógica o política, entonces sería nuestro deber moral y patriótico completar la reforma iniciada en 1949 para situar todo nuestro sistema escolar en concordancia con las normas educativas que rigen y han regido siempre en los demás países (págs. 56-57).

Rechazamos la alegación de que son los padres de familia quienes han impuesto ese sistema a la escuela católica. Lo que la gran mayoría de los padres, por razones obvias, demanda en este sentido de la escuela (pública o privada, católica o no católica) es que enseñe bien el inglés. Ningún padre bien informado puede exigir que, para el propósito de enseñar bien un idioma diferente al materno, la escuela adopte y mantenga un sistema que, por el hecho de lesionar gravemente el idioma materno, jamás se ha establecido, para dicho propósito, en ningún país del mundo, inclusive en los Estados Unidos. pág. 167.

Es gloriosa la tradición educativa de la Iglesia Católica y, en los últimos siglos han brillado, como precursores y fundadores de los modernos sistemas de enseñanza, figuras tan ilustres como Santa Ángela Merici, San Ignacio de Loyola, San José de Calasanz, San Juan Bautista de La Salle —considerado como el padre de la moderna pedagogía—, Santa Magdalena Sofía Barat, y el Beato Marcelino Champagnat. Es doloroso que, contando con tales antecedentes, nuestra escuela católica, que pudo y debió haber sido no sólo la colaboradora sino la iniciadora del movimiento que llevó a la adopción del español como idioma de la enseñanza en Puerto Rico, mantenga una posición contraria al régimen pedagógico vigente en la escuela pública y cuya aplicación a todo el sistema educativo de Puerto Rico es de vital importancia para la formación de nuestros niños, el porvenir de la cultura puertorriqueña y el bienestar de la religión misma (pág. 167-168).

No hay razones que puedan justificar esta situación anómala y contraria a los mejores intereses de nuestros niños, de Puerto Rico, y de la misma Iglesia, situación que entendemos es única en los anales de la catolicidad (pág. 166).

No es la voluntad de los padres de familia, ni la de los maestros, ni la del Secretario de Instrucción Pública, ni la del Gobernador, ni la de las Cámaras Legislativas, ni la de los sacerdotes, ni la de la jerarquía eclesiástica, ni la del Colegio de Cardenales, ni la del mismísimo Papa, lo que determina el idioma en que deba enseñarse a los niños en Puerto Rico o en cualquier otro país; lo que determina el idioma de la enseñanza es un simple hecho: la lengua vernácula de los estudiantes. Y es que en este asunto coinciden el sentido común y la ciencia pedagógica. Sobre esta materia no cabe tener opiniones propias ni caben diferencias de criterio entre intelectuales y no intelectuales, feligreses o no feligreses, padres de familia o maestros, ricos o pobres, católicos o no católicos, cristianos o gentiles. Es por estas razones que a los niños de Francia —tanto en las escuelas públicas como en las privadas— se les enseña en francés, que a los de Alemania se les enseña en alemán, que a los de Estados Unidos se les enseña en inglés, que a los del Japón se les enseña en japonés, que a los de China se les enseña en chino, a los de Suecia se les enseña en sueco y, a los de Puerto Rico, en español, excepto a los niños de la Academia San José y otras escuelas privadas que, como ésta, se empeñan en dar la espalda a la realidad cultural puertorriqueña, a la ciencia pedagógica y al sentido común (pág. 178).

...de acuerdo con las directrices de la Santa Sede, los sacerdotes, misioneros y maestros, en el mundo entero, enseñan en el idioma de los educandos, aún en aquellos casos en que dicho medio lingüístico no es tan siquiera un idioma de los considerados de importancia universal (págs. 89-90).

[Con relación al problema todavía existe, en muchas escuelas privadas donde si ya por fin las clases se conducen en español, los textos todavía son en inglés; contrario a las normas *universales* de enseñanza.]

Le incluyo fotocopia del anuncio publicado por la importante casa editora norteamericana McGraw-Hill Book Company.

... durante los próximos dos años ya estarán listas las traducciones al español de los textos avanzados del idioma inglés para que, así, se haga realidad, en todos sus aspectos, la enseñanza en el vernáculo en las escuelas privadas de Puerto Rico en las cuales todavía se enseña en un idioma que no es el vernáculo de los estudiantes (págs. 146-147).

IDIOMA

ARTÍCULOS PERIODÍSTICOS

IDIOMA Y *STATUS*

Siempre resulta revelador observar los esfuerzos que realizan los líderes estadistas[1] del país cuando tratan de conciliar su prédica de integración política a los Estados Unidos con su alegado interés en que se conserven el idioma y la cultura de Puerto Rico. Fueron ingentes los esfuerzos que hicieron en las vistas sobre el tema socio-cultural, celebradas por la Comisión de *Status*, para convencer a los delegados norteamericanos de la posibilidad de armonizar la estadidad y la cultura puertorriqueña. Como un elemento de prueba presentaron no menos de quince testigos, y, entre ellos, hasta una joven estudiante de escuela superior, de Morovis, quien habló y cantó en español e inglés en una demostración de ambivalencia cultural, ejemplo de lo que –según los estadistas– llegarían a ser los niños de Puerto Rico si adviniésemos a la estadidad.

Los miembros norteamericanos de la Comisión contemplaron, seguramente con una mezcla de curiosidad y extrañeza, el

---

[1] Nota de los Editores para toda la obra sobre la palabra *estadista*: Es uso y costumbre en Puerto Rico utilizar el término *estadista* (en vez de estadoísta o estadidista) no como significativo de ser una "persona versada en los negocios concernientes a la dirección de los Estados, o instruida en materias de política", sino para así designar, a los que favorecen la anexión de Puerto Rico a los Estados Unidos de América bajo la condición de estado federal.

3

desfile de los testigos asimilistas que decían ser tan americanos como ellos, a la vez que hacían protestas de lealtad a su propio idioma y cultura. ¡Pero sucedió lo inevitable! Llegó el informe de la Comisión, y, con éste, el golpe de gracia a la pretensión estadoísta. A pesar de que en el informe se le da un tratamiento eufemístico al problema de la estadidad en relación con el idioma y la cultura puertorriqueñas, la Comisión no pudo menos que diferenciar nuestro caso del de Hawaii, subrayando su peculiaridad. "Hay una cuestión cultural relacionada con la estadidad. Si Puerto Rico se convierte en un estado se dará el caso de que se incorpora a los Estados Unidos un área (sic) con una cultura característica y homogénea", afirma la Comisión. Y después de decir *en passant* que no cree que la estadidad "requiera necesariamente la entrega del idioma español" y el "abandono de un rico patrimonio cultural", manifiesta que, si Puerto Rico se decidiese algún día por la estadidad, esta determinación deberá revelar el deseo de "formar parte integral de la nación americana". "La estadidad —concluye la Comisión— necesariamente envolverá una adaptación de idioma y cultura (de parte de Puerto Rico) con el resto de los estados federados de la Unión".

No creo que pueda haber duda —ni aún en la mente de los estadistas más ingenuos— de la "adaptación" cultural, a que se refiere el informe de la Comisión, querer decir, entre otras cosas, que los norteamericanos ya residentes, así como los que viniesen a residir a Puerto Rico (y lo harían por docenas de millares si entrásemos en la Unión) se negarían a reconocer el español como idioma de Puerto Rico (tal y como lo hace la gran mayoría de ellos, en la actualidad, en el Estado Libre no soberano) y fácilmente lograrían que el inglés se impusiese como idioma de la Legislatura, de los tribunales, de la Rama Ejecutiva y de la enseñanza en todas las escuelas. Muestra anticipada de que ello sería así es la declaración no ya de un inmigrante norteamericano, sino de un líder estadoísta puertorriqueño, el señor Luis A. Ferré, quien, en *El Mundo* del 13 de julio pasado, acusa al Tribunal

Supremo de Puerto Rico de "estrechez de interpretación" al "prohibir el uso del inglés en nuestros procesos judiciales".

A pesar de la intensa lucha sostenida por la representación estadista en el seno de la Comisión para lograr que ésta usara un lenguaje extremadamente cuidadoso en la parte del informe que trata el tema del idioma y la cultura en relación con la estadidad —a fin de que no se destacara la incongruencia de esta fórmula de status con nuestro idioma y nuestra cultura— no fue posible soterrar lo que es del todo evidente: que la estadidad necesariamente supone —si no la entrega o liquidación total de nuestro idioma y nuestra cultura— la subordinación de éstos al idioma nacional y a las formas culturales de los Estados Unidos. Así mismo, sin ambages, lo expresó un destacado miembro de la Comisión, el senador Henry M. Jackson, al afirmar, en su declaración suplementaria al informe de la Comisión, que: "Una condición previa a la estadidad tiene que ser la del reconocimiento y aceptación del inglés como idioma oficial". Y el líder del grupo de congresistas que favorece la estadidad para Puerto Rico, el representante Leo O'Brien, al comentar las declaraciones del senador Jackson, reveló el pobre concepto que le merece el idioma de los puertorriqueños al comparar nuestra situación con la de Hawaii, en donde —dice— "hay una diversidad de dialectos y, sin embargo, es Estado" (*El Imparcial*, 6 de agosto de 1966). El propio senador Jacob K. Javits, en una declaración suplementaria destinada a restarle efecto a las diáfanas manifestaciones del senador Jackson, dijo: "La cuestión de un idioma oficial, o idiomas oficiales, surgirá naturalmente y requerirá zanjarse al tiempo en que la estadidad pueda establecerse... La capacidad bilingüe en Puerto Rico está creciendo a tal ritmo que irá aminorando su importancia (la de cuál sería el idioma oficial) con el correr del tiempo". En otras palabras, afirma Javits, que cuando la estadidad pueda establecerse el inglés será el idioma principal de los puertorriqueños y, por lo tanto, no hay que adelantarse a hacer ahora declaraciones impolíticas como las del senador Jackson. Lo cual confirma lo dicho por los señores Muñoz Marín, Negrón López, y Moscoso, en su declaración suplementaria, la cual lee como sigue: "El Congreso no admitirá a un estado en la Unión hasta que esté convencido de que el inglés es el idioma predominante de su pueblo".

Hay que acreditarle a la Comisión del *Status*, entre otras cosas, el haber alertado de esta forma a los puertorriqueños respecto a las destructoras consecuencias culturales que, para nuestro pueblo, conllevaría la estadidad. Le ha rendido así al país un servicio análogo al que acaba de hacerle a Puerto Rico el gobernador Sánchez Vilella al declarar que la venta de empresas puertorriqueñas a intereses extranjeros y la sustitución de capital puertorriqueño por capital norteamericano, de continuar al presente ritmo, podría transformarnos en una "sociedad de conductores de taxis y 'botones' de hoteles" (*El Mundo*, 9 de agosto de 1966).

El Mundo, 16 de agosto de 1966.

TRECE AÑOS DESPUÉS

En su edición del 17 de septiembre, el diario *The San Juan Star* comentó editorialmente la noticia de que la importante firma norteamericana Eli Lilly & Company establecerá en Puerto Rico dos plantas para manufacturar productos farmacéuticos con una inversión total de quince millones de dólares. En el editorial se da por sentado que en dichas plantas, así como en la Commonwealth Oil, la Phillips Petroleum, y en todas las industrias de alto nivel tecnológico y científico que se establezcan en el país, el idioma de los procesos industriales deberá ser el inglés. El personal puertorriqueño que solicitare empleo en esas industrias localizadas en nuestro suelo, y no en los Estados Unidos, tendría que adaptarse al idioma inglés o, de lo contrario, como es de suponerse, no conseguiría trabajo en dichas empresas.

La presunción del editorialista del *San Juan Star* es totalmente errónea. En todas partes del mundo el idioma de los procesos industriales es el del país en que radican las plantas. El español es el idioma de la industria, la ciencia, la tecnología, las finanzas, y el comercio, en todo el mundo hispánico. Si la empresa Lilly, o la Commonwealth Oil, o la Phillips Petroleum, establecieran plantas en España, Colombia o Costa

7

Rica, el español se utilizaría en todos sus procesos industria-les. Sería el francés si las establecieran en Francia, Guadalupe o Martinica. No hay razón alguna para que se pretenda variar esta norma universal en el caso de Puerto Rico.

Ya en el 1953 don Luis Muñoz Marín advirtió en un discurso pronunciado ante el magisterio del país y titulado *El estilo de vida puertorriqueño*: "Creo que estamos cerca del preciso momento histórico en que si no tomamos comando deliberado del proceso cultural, a base de examinar cómo es y de examinarnos sobre cómo debiera ser, se puede malograr la personalidad puertorriqueña... y perder la personalidad un pueblo es perder su vida aunque subsista y se multiplique y mejore en técnicas y saberes la de sus individuos".

Es evidente que estamos viviendo el momento histórico que hace trece años vio don Luis Muñoz Marín en su memorable discurso. ¿No es suficiente prueba de ello el que alrededor de cincuenta mil alumnos puertorriqueños de instituciones educativas privadas, incluyendo sus niveles universitarios (que prácticamente componen la élite socio-económica del estudiantado del país), reciban su formación intelectual en un idioma que no es su vernáculo? ¿No constituye prueba corroborativa el que los estudiantes de medicina y odontología de la Universidad de Puerto Rico también reciban la enseñanza de todas las materias en el idioma inglés? ¿No es de público conocimiento la marcada tendencia a subordinar, y aún a suplantar, el español en la actividad profesional, cívica, financiera y mercantil? ¿No son ostensibles las serias y crecientes dificultades que, para expresarse en su lengua, experimentan no sólo los puertorriqueños legos sino hasta los mismos universitarios y profesionales? ¿Es que también vamos a permitir que, a cambio de ganarse la vida en fábricas que radican en su propia tierra, millares de puertorriqueños tengan que renunciar en su trabajo al uso de su propio idioma?

En relación con este asunto es pertinente el recordar uno de los principios morales propugnados por Juan XXIII en su inmortal encíclica *Pacem in Terris*: El principio de que toda ayuda económica que una nación rica (o sus intereses privados) le ofrezca a una menos afortunada (ya sea a su gobierno o directamente a su pueblo) no debe ir acompañada por la intención de predominio cultural, o de ninguna otra índole, de suerte que se "respeten con gran esmero las características propias de cada pueblo y sus instituciones tradicionales y se abstengan de cualquier intento de predominio". Esta norma moral deberá aplicarse con tanto mayor rigor en casos en que, como el que nos ocupa, se trata de inversiones de capital hechas con fines exclusivos de lucro.

Volviendo a lo expresado por don Luis Muñoz Marín, no debemos olvidar que en el 1948, cinco años antes de que el ex-Gobernador expresara su preocupación por el futuro de nuestra personalidad cultural, ya el eximio poeta Pedro Salinas nos había advertido: "Si los síntomas de desnaturalización inútil de la lengua, tan perceptibles y en aumento, no mueven a la acción, y se deja suelta a su propensión, al abandono de toda norma, considerando que no hay que hacer nada, adoptando la posición que yo llamo panglossista, es muy probable que a la lengua de Puerto Rico le esperen, en un futuro próximo, daños irremediables". (Discurso de graduación de 1948 en la Universidad de Puerto Rico, titulado *Aprecio y defensa del lenguaje*.)

Ante tan elocuentes hechos y claras palabras: ¿Qué esperamos los puertorriqueños para actuar? ¿Qué razones puede haber para que no asumamos, sin más tardanza, lo que don Luis Muñoz Marín llamó el "comando deliberado de nuestro proceso cultural"?

El Instituto de Cultura Puertorriqueña, la Universidad de Puerto Rico, el Departamento de Instrucción Pública, la Administración de Fomento Económico y el Departamento de Comercio deben aunar esfuerzos para realizar un estudio sobre el presente estado de la personalidad cultural puertorriqueña en todas las fases de la actividad social de nuestro pueblo. La intervención de estas entidades gubernamentales, así como la acción oficial que se tome para implantar las recomendaciones del estudio, contribuiría poderosamente a evitar que continúe el proceso de erosión y desplazamiento de nuestro idioma y formas culturales.

En la celebración del último aniversario del Estado Libre Asociado, el juez Abe Fortas, del Tribunal Supremo de los Estados Unidos, en representación del Presidente Johnson, pronunció un discurso en el que atribuyó gran importancia a la completa autonomía que, según él, disfruta Puerto Rico en sus presentes relaciones con los Estados Unidos. Si tal autonomía existe, el Estado Libre Asociado está gravemente obligado a hacerla efectiva para detener el proceso de destrucción cultural de nuestro Pueblo.

El Mundo, 3 de octubre de 1966.

LAS ESCUELAS PRIVADAS Y EL INGLÉS

¿Sabía usted que hay todavía millares de escolares en Puerto Rico que reciben la enseñanza de Aritmética, Geografía, Historia, Ciencia y otras asignaturas en el idioma inglés?

Tal cosa parecerá increíble, pero es una realidad. Se calcula que en las escuelas privadas alrededor de 50,000 alumnos puertorriqueños cursan estudios bajo este plan de enseñanza. Esta cifra representa alrededor del 7% de toda la población escolar. Pero no es sólo al criterio numérico al que debemos recurrir para evaluar lo que esta situación representa para el país. Hay que destacar el hecho de que la mayoría de esos 50,000 escolares provienen de las clases acomodadas y por ello es natural suponer que en el futuro ocuparán posiciones de importancia en la vida de nuestro pueblo. Su influencia social será, por consiguiente, mucho mayor que la que ejercerían por su simple proporción cuantitativa.

Hecha esta pertinente observación, procede la pregunta: ¿Por qué los directores de estas escuelas privadas –en su gran mayoría denominadas católicas– insisten en usar para la enseñanza de todas o casi todas las asignaturas un idioma que no es el vernáculo de los estudiantes? ¿Qué les motivará para insistir en el empleo de este método educativo? ¿Hay razones de tipo

11

pedagógico o cultural, o de otra clase, que respalden su actitud? Veamos.

No tienen el respaldo del Secretario de Instrucción Pública, que hace valer para la escuela pública –al igual que lo hicieran sus antecesores en el cargo, desde 1949– la enseñanza en el idioma de los escolares, por considerarla la única pedagógicamente correcta.

No tienen el respaldo de los educadores o pedagogos. No se conoce, en Puerto Rico ni en ninguna otra parte del mundo, un solo educador o pedagogo que favorezca la enseñanza en un idioma que no sea el vernáculo. Desde las advertencias de Plutarco para evitar la corrupción del idioma griego, hasta las enseñanzas de Nicholas Murray Butler, Michael West, Stanley Hall, James Johnnot, y F.C. Woodward, norteamericanos; Marcel Prevost, francés; S.S. Laurie, escocés; Charles Balby, suizo; Henry Newbolt, y H. A. Fisher, ingleses; y de los puertorriqueños José Padín, Mariano Villaronga, Rubén del Rosario, Jorge Luis Porras Cruz, Antonia Sáez, Ismael Rodríguez Bou, Ángel Quintero Alfaro, y el actual Secretario de Instrucción Pública, doctor Ramón Mellado, todos los educadores han repudiado el absurdo pedagógico de usar como medio de enseñanza un idioma que no sea la lengua materna de los alumnos.

No tienen dichas escuelas el respaldo de la Asociación de Maestros de Puerto Rico, que invariablemente se ha manifestado a favor de la enseñanza en español.

No tienen el respaldo de ninguna asociación internacional ni nacional de educadores. Es significativo el que la Asociación Nacional de Educación de los Estados Unidos haya logrado que el Gobierno Federal de dicha nación destine millones de dólares para proveer enseñanza en español, en sus escuelas primarias, a todos los alumnos cuyo vernáculo sea ese idioma.

No tienen el respaldo de sistemas educativos similares existentes en otros países que pudieran ofrecer como ejemplo. Invitamos a los directores de estas escuelas a que muestren un solo caso de otro país (excepto en comunidades en donde el vernáculo es un mero dialecto o no es una lengua literaria) en que la enseñanza se imparta en un idioma distinto al de los alumnos.

No tienen el respaldo de la Iglesia Católica. Bastará con leer el Decreto *Ad Gentes* sobre la actividad misionera de la Iglesia y la Declaración *Gravissimum Educationis* sobre la educación cristiana de la juventud, aprobados por el Concilio Vaticano II, para percatarse del valor que en el proceso educativo reconoce la Iglesia a los idiomas y culturas nacionales.

No tienen, por supuesto, el respaldo de los Obispos de Puerto Rico, quienes siempre se han negado a endosar este método de enseñanza.

No tienen el respaldo de la Asamblea Legislativa. Tampoco lo tienen del Partido Popular, del Partido Independentista, del Partido Unión Puertorriqueña, del Partido Auténtico Soberanista, del Partido Nacionalista, del Movimiento Pro Independencia, y ni aún lo tienen del Partido Nuevo Progresista.

Y no tienen, por último, el respaldo del sentido común, que claramente señala como contrario a la naturaleza la instrucción en un idioma extraño.

Pero el lector se preguntará: ¿Entonces, cómo es posible que se persista en mantener semejante absurdo? Más aún, ¿cómo es posible que estas escuelas pretendan conseguir ayuda económica del estado, a la vez que contravienen su correcta política educativa? Alegan muchos de sus directores que son los padres de los alumnos quienes les imponen este tipo de enseñanza. Ante tal defensa procede contestar que un educador no puede renunciar a los principios más elementales de la pedagogía para complacer los deseos arbitrarios de quienes, por motivos ajenos a la enseñanza, le causan –sin tener conciencia de ello– tan grave daño intelectual a sus hijos. En las cuestiones relativas al método de instrucción son las normas de la ciencia pedagógica las que deben prevalecer y no la voluntad de los padres. A lo que sí tienen éstos perfecto derecho es a exigir que la escuela enseñe a sus hijos, y con corrección, uno o varios idiomas distintos del vernáculo.

Ahora bien, ¿es cierto que la mayoría de los padres exigen que la enseñanza se conduzca en inglés? Por respeto a la inteligencia de éstos siempre he puesto en duda tal cosa. Lo que realmente desean es que sus hijos aprendan, entre otras materias, buen inglés –a lo cual no se opone nadie en Puerto Rico– no a que se les enseñe Aritmética, Historia y demás asignaturas en inglés. En Suecia, Dinamarca, Suiza, Holanda, y otros países, muchas personas dominan el idioma inglés, aprendido "en la forma correcta" como asignatura, a la vez que reciben la enseñanza de todos los conocimientos en el idioma de su país.

Sobre este tema el educador puertorriqueño doctor Pedro A. Cebollero, quien por varios años fue decano de la Facultad de Pedagogía de la Universidad de Puerto Rico, dijo lo siguiente en su libro *La política lingüístico-escolar de Puerto Rico*, publicado en 1945: "El uso del vernáculo está íntimamente ligado al desarrollo de la personalidad del niño. La privación de oportunidades para utilizarlo con satisfacción y la sustitución total o parcial del vernáculo por otro idioma, constituyen obstáculos para la integración de la personalidad del niño, cuya consecución eficaz es una de las principales funciones de la educación". "La alegación —continúa Cebollero— de que todas las asignaturas de la escuela deben enseñarse en inglés, con el fin de proveer práctica en este idioma, equivale a admitir que el sistema educativo de Puerto Rico no existe principalmente sino para los fines de enseñar el inglés, más bien que para dotar al niño puertorriqueño de una educación completa. Para comprender lo absurdo de esta tesis, bastará imaginarse cómo recibiría cualquier comunidad norteamericana la proposición de que todas las asignaturas del programa se enseñasen en francés o en español, con el fin de que los niños practicaran el idioma extranjero objeto de su estudio". "El intento de subordinar todas las actividades escolares al propósito de enseñar inglés, usando este idioma como vehículo —concluye Cebollero— es la negación de todos los principios de la educación moderna" (págs. 117, 122, y 166).

Recientemente se dio a conocer un plan del Secretario de Instrucción para establecer en nuestras escuelas públicas la enseñanza en inglés a los alumnos provenientes de los Estados Unidos, cuyo idioma vernáculo es dicho idioma, actuación que reafirma la posición pedagógica válida. Ahora bien, basándose en el mismo principio: ¿por qué el Secretario de Instrucción no formula un plan para que se enseñe en español a los alumnos de nuestras escuelas privadas?

Es hora ya de asegurarle a estos escolares el natural derecho a recibir su formación intelectual de la manera más favorable a la integración de su personalidad como estudiantes y como puertorriqueños.

El Mundo, 13 de junio de 1971.

UNA PETICIÓN ABSURDA

El pasado 19 de noviembre, en ocasión del acto celebrado en La Fortaleza para conmemorar el Descubrimiento de Puerto Rico, el gobernador Hernández Colón se reafirmó en la defensa de nuestro idioma y cultura nacional. He aquí uno de los párrafos sobresalientes de su discurso:

Son muchas las vicisitudes que ha sufrido nuestra lengua materna. Pero afortunadamente ya en Puerto Rico tenemos conciencia de que *debemos conservarla y defenderla a cualquier precio*. Nos alegra y satisface mucho el que este esencialísimo elemento de *nuestra cultura nacional* se haya fortalecido mucho gracias a que, entre otras medidas, restablecimos el uso del español en nuestras escuelas y tribunales de justicia y a que creamos el Instituto de Cultura Puertorriqueña, que tanto ha hecho por despertar en nuestro pueblo la conciencia de sus raíces históricas y culturales (énfasis nuestro).

Felicité personalmente al señor Gobernador por sus patrióticas palabras. Aprovecho ahora la oportunidad para hacerlo públicamente.

Nunca antes un Primer Ejecutivo puertorriqueño se había expresado tan clara y rotundamente en defensa de lo que, con toda propiedad, él designa como nuestra *cultura nacional*. En un país como Puerto Rico, en donde la triste confusión producida por setentiséis años de subordinación política, económica y cultural ha llevado a muchos a identificar el concepto de *nacional* con lo norteamericano, las palabras del gobernador Hernández Colón, en franco reconocimiento y apoyo de nuestra personalidad colectiva, merecen el aplauso de todo aquel que lleve a orgullo el ser puertorriqueño.

¡Cuán distante nos parece ahora la presente época de aquélla en que se forzaba la enseñanza en inglés en las escuelas públicas y en que hasta se llegó a estimular la producción poética en dicho idioma! (en el Ateneo Puertorriqueño, por ejemplo, se celebró en 1930 un certamen de poesía bilingüe, bajo el patrocinio del entonces gobernador Teodoro Roosevelt, hijo).

Ahora bien, por más lejana que en muchos sentidos esté aquella época, lo cierto es que Puerto Rico se encuentra aún en medio de una dura contienda por conservar su perfil nacional. Y esto, no sólo en lo político y en lo económico, sino también en lo cultural. La realidad es que nuestra cultura está sometida constantemente a las extraordinarias e injustas presiones que se derivan del *status* colonial.

Antes de 1940 —por sólo mencionar un pequeño detalle— las normas oficiales obligaban a nuestros policías a llevar en sus uniformes la identificación de "Insular Police". ¿No sería absurdo, además de ridículo, que regresáramos a aquella época? Sin embargo, ¿no debiera parecernos a todos también absurdo y ridículo el que nuestros barberos coloquen en sus negocios, no sólo de la Avenida Ashford, sino desde Fajardo hasta Cabo Rojo, letreros que dicen "Barber Shop"? Es imperativo transformar la mentalidad de todos los puertorriqueños que crean añadir un codo a su estatura sustituyendo su idioma por uno que no es el suyo. Tenemos que deshacernos de este mito. Si queremos llegar a la plena afirmación de nuestros valores nacionales

—y ello sin desprecio de la riqueza cultural que representan el inglés y todos los grandes idiomas del mundo— tenemos que orientar a nuestros compatriotas para que destruyan las cadenas del complejo de inferioridad que les lleva a hacer hasta el ridículo en el empleo innecesario y extravagante del idioma inglés.

No necesitamos mucho esfuerzo para dejar demostrado que no exageramos al hacer las anteriores afirmaciones. ¿Cuál es el idioma predominante en el proceso de industrialización de Puerto Rico? ¿En las finanzas? ¿En la actividad económica en general? Y aun en el campo cultural, ¿no representa una regresión la "Inter American University" con su política oficial a favor del desacreditado concepto del bilingüismo?

Sabido es que, por razón de la realidad que vivimos, con frecuencia se hace necesario que además del español se emplee el idioma inglés, principalmente en los campos de actividad antes mencionados. Pero esto nunca justificará la supresión del español en las comunicaciones escritas de dichas actividades bancarias, financieras e industriales

La última muestra de la increíble tendencia a eliminar el empleo de nuestro idioma en el ámbito de la actividad económica se ha puesto de manifiesto en el negocio de seguros. En *El Mundo* del 21 de diciembre pasado apareció la noticia de que algunas compañías aseguradoras que operan en el país están presionando al Comisionado de Seguros de Puerto Rico para que se les exima del requisito de traducir al español gran parte de los contratos de seguros que estas compañías hacen en Puerto Rico.

Pregunto: ¿El mero hecho de que se formule semejante petición, ¿no es prueba adicional de las arbitrarias presiones a que se encuentra sometido el idioma español en Puerto Rico?

No me parece que sea necesaria mucha sabiduría para concluir que, por más plausibles que sean las palabras pronunciadas por el gobernador Hernández Colón el 19 de noviembre pasado, Puerto Rico no podrá resistir por muchos años más la avalancha asimilista norteamericana. A menos que actuemos rápidamente y nos dispongamos a reclamar y obtener del Congreso la restitución al Gobierno de Puerto Rico de los poderes de soberanía que Estados Unidos conquistó por la fuerza en 1898.

Sólo con esos poderes en manos de nuestro pueblo podremos ordenar juiciosamente nuestra economía y proteger con efectividad nuestro idioma y cultura. Sólo así evitaremos que se convierta, con el transcurso de los años, en añoranza de algo que dejó de existir, la histórica sentencia dictada en 1965 por el Tribunal Supremo de Puerto Rico, de la cual citamos a continuación: "Es un hecho no sujeto a rectificación histórica que el vehículo de expresión, el idioma del pueblo puertorriqueño —parte integral de nuestro origen y nuestra cultura hispánica— ha sido y sigue siendo el idioma español".

Esperamos que el Comisionado de Seguros, en cumplimiento de la política oficial expresada por el Gobernador, por el Tribunal Supremo y, en repetidas ocasiones, por nuestra Asamblea Legislativa, rechazará la absurda pretensión de las compañías de seguros de ignorar, en el texto de sus pólizas, nada menos que el idioma del país de donde derivan parte de sus beneficios económicos. ¡Y nada menos también que el idioma de los propios asegurados!

El Mundo, 28 de diciembre de 1974.

IDIOMA Y CONCIENCIA NACIONAL

Después de setentisiete años de casi absoluta hegemonía de Estados Unidos sobre Puerto Rico todos los puertorriqueños coinciden con firmeza en que el español debe mantenerse como nuestro idioma, no importa cuál fuere el destino político final del país.

Es fácil hacer esta afirmación. Pero lo cierto es que hasta hace escasamente cinco años la misma no hubiese correspondido con la realidad. Fue necesario que los estadoístas escalaran el poder político para que se convencieran, en frase de ellos mismos, de que "el idioma no es negociable".

Don Luis A. Ferré, al poco tiempo de haber tomado las riendas del gobierno, y luego de fracasar en los diversos intentos que hizo para darle carta de normalidad a la comunicación en inglés entre puertorriqueños, tuvo que haber experimentado la sensación de que la muralla del idioma es realmente impenetrable. "Con el idioma hemos topado" seguramente se diría don Luis, parafraseando el célebre dicho de Cervantes. He aquí el origen de la "estadidad jíbara" y, con ella, del rotundo viraje dado por el Partido Nuevo Progresista a la política de asimilación cultural que en 1898 había iniciado el doctor José Celso Barbosa.

Son muchas las tribulaciones que ha pasado y continúa pasando el alcalde Carlos Romero Barceló por haber expresado ingenuamente sus verdaderos sentimientos asimilistas de menosprecio a nuestra cultura e idioma.

Hemos ganado, pues, la más importante batalla de la primera etapa de la lucha que conducirá finalmente al total gobierno de Puerto Rico por los puertorriqueños. Debiéramos erigir un gran monumento para honrar a todos los que a lo largo de tantos años, y a costa de innumerables sacrificios, hicieron posible la salvación y triunfo final del idioma español en Puerto Rico y, con ello, la supervivencia de la puertorriqueñidad.

Del mismo modo que en la gesta militar de Bolívar no hubiese podido producirse el triunfo de Ayacucho sin Carabobo y Junín, en esta batalla nuestra de carácter tan eminentemente civil, el triunfo del idioma tenía que preceder a todo el proceso político que nos conducirá a la plena consolidación de la patria y la nación puertorriqueña.

"El idioma no es negociable" afirman terminantemente los independentistas, populares, estadoístas, socialistas y marxistas. No existe un solo puertorriqueño que levante su voz para tomar excepción de lo que, por fin, después de setenticinco años, es el sentir colectivo de Puerto Rico. Sentir que ya había sido expresado, el 30 de junio de 1965, por nuestro Tribunal Supremo, en forma también terminante y definitiva. He aquí las palabras del tribunal: "Es un hecho no sujeto a rectificaciones históricas que el vehículo de expresión, el idioma del pueblo puertorriqueño —parte integral de nuestro origen y cultura hispánica— ha sido y sigue siendo el idioma español. En lo que llevamos del siglo XX el reclamo continuo ejercido por esta raíz y realidad de nuestra formación cultural y étnica ha hecho prevalecer el español, sin merma ostensible, en las manifestaciones más íntimas y representativas de nuestra vida diaria: el hogar, la escuela, la religión, los negocios, la literatura, la política, las relaciones obreras y las actividades generales de gobierno... El medio de expresión de nuestro pueblo es el español y ésa es una realidad que no puede ser cambiada por ninguna ley".

Pero no debemos exagerar el verdadero alcance del triunfo logrado. Porque una cosa es defender el idioma como patrimonio esencial de una nación y otra el considerarlo como importante elemento cultural de una mera comarca o región, o de un conglomerado humano.

Para los independentistas el idioma es inseparable del concepto de nación. Así piensa también la gran mayoría de los populares. Los estadoístas, sin embargo, sólo consideran el idioma español como valioso elemento cultural que debe conservarse dentro del ámbito nacional norteamericano.

Hay un pequeño grupo de destacados dirigentes del Partido Popular cuya visión y concepto del idioma es muy parecida al que de éste tienen los estadoístas. Defienden el idioma español en Puerto Rico con la misma mentalidad con que lo hacen, dentro de los Estados Unidos, las minorías nacionales tales como los mexicanos y los puertorriqueños que allí residen. Estos dirigentes populares defienden el español no como el idioma de una nación —Puerto Rico— sino como el de un grupo nacional o cultura minoritaria dentro de los Estados Unidos. En este aspecto de su visión política dichos dirigentes proceden del mismo modo que los estadoístas. No parecen, por otro lado, tener cabal conciencia de lo que hacen.

Pero la verdad es que la gran mayoría de los puertorriqueños —populares, autonomistas e independentistas— aman y defienden nuestro idioma con plena convicción de que es un elemento vital e inseparable de la nación puertorriqueña. Con la conciencia de que Puerto Rico es un pueblo con tradición histórica y características propias y definidas, con el convencimiento de que tenemos un destino colectivo que no se identifica con España, ni con los Estados Unidos, ni con ningún otro país. Con la seguridad de que para cumplir con ese destino el pueblo puertorriqueño necesita el apoyo de una verdadera autonomía política, ya sea en la independencia o en un régimen —no importa su nombre— que reconozca a los puertorriqueños plenos poderes para gobernarse a sí mismos.

No basta, por tanto, con defender el idioma en Puerto Rico como lo hacen los mexicanos o los *neoricans* en los Estados Unidos. Aquello es, por supuesto, encomiable. Pero sólo representa el clamor de un grupo, de una minoría nacional —no de una nación— en su justo afán de reafirmar su identidad dentro de la federación norteamericana.

El pueblo puertorriqueño es una nación, no una minoría nacional o grupo cultural. Así piensa y siente la mayor parte de nuestros compatriotas. Así espero que algún día no muy lejano lleguen a pensar y sentir los votantes estadoístas y algunos dirigentes del Partido Popular, cuya visión de Puerto Rico apenas ha rebasado la época en que Rosendo Matienzo Cintrón pudo decir, con profunda amargura, que Puerto Rico sólo era una muchedumbre.

Debe llenarnos de júbilo el saber que ya no hay puertorriqueños que consideren como algo inevitable, y mucho menos deseable, la suplantación de nuestro idioma por una lengua foránea. Hemos dado un paso decisivo en nuestro desarrollo como Pueblo. Redoblemos nuestros esfuerzos para dar el segundo paso: que todos nuestros compatriotas consideren y sientan nuestro idioma como una de las más valiosas y auténticas expresiones de la personalidad nacional puertorriqueña.

El Mundo, 24 de mayo de 1975.

EL IDIOMA DEL CLUB ROTARIO

Nadie podrá negar que durante los setentisiete años que llevamos de régimen norteamericano los puertorriqueños hemos rechazado todos los intentos realizados para destruir la unidad lingüística de Puerto Rico. Son muchas las ocasiones en que, en su lucha por romper las ataduras del coloniaje, nuestro pueblo se ha replegado para evitar una abierta confrontación con Washington. La enorme desigualdad de fuerzas nos ha obligado entonces a recurrir al tipo de resistencia que hemos dado por llamar "la pelea monga".

Pero hay algo con lo que los puertorriqueños nunca hemos transigido, sin importarnos las consecuencias. Me refiero al propósito de que nuestro pueblo abandone el uso general y cotidiano de su idioma, esa gran fuerza vital que ha hecho posible la supervivencia de Puerto Rico. Hasta la fecha no ha sido posible lograr —y estoy seguro que no lo será jamás— que los puertorriqueños se comuniquen entre sí mediante otro idioma que no sea el español.

No fueron pocos los esfuerzos que durante los primeros cuarenta años de este siglo hicieron los directores de la escuela pública —y los que después realizaron los dirigentes de muchas escuelas privadas— para tratar de lograr que los estudiantes

24

adoptaran el idioma inglés como medio de comunicación entre ellos durante algunos períodos de clase. Pero fracasaron rotundamente. Tampoco fueron pocos los esfuerzos que en el mismo sentido hizo el ejército de los Estados Unidos durante la Primera y la Segunda Guerra Mundial. Y también fracasaron. De igual manera se han frustrado todas las tentativas realizadas por los anexionistas —desde la época del doctor José Celso Barbosa hasta la de don Luis Ferré— para lograr que los puertorriqueños usaran indistintamente entre sí el español y el inglés. Por supuesto que este "adelanto" se consideraba paso indispensable para el eventual uso del inglés como idioma "nacional" de Puerto Rico.

Ante esta política de asimilismo cultural, ¿cómo podía reaccionar de distinta manera un pueblo con plena conciencia de que posee como idioma propio una de las cinco lenguas más importantes del mundo?

Por ello tiene que haber sorprendido a todos los puertorriqueños la noticia de que el Club Rotario de San Juan ha reafirmado la exigencia del *uso exclusivo* del idioma inglés en los actos y deliberaciones de dicha sociedad. Así, sin ninguna inhibición, lo hizo saber su Presidente al protestar públicamente por la violación que del Reglamento del Club había hecho un orador cuando se dirigió en español a su matrícula.

La razón aducida por el Presidente para tratar de justificar tan increíble disposición reglamentaria es muy poco convincente. Alega que, aunque el idioma oficial de todos los clubes rotarios de Puerto Rico es el español, en el de San Juan se emplea el inglés porque una proporción considerable de su matrícula se compone de norteamericanos.

Cabe la pregunta: ¿Cuántos de dichos socios residen en Puerto Rico? Si son residentes, como seguramente lo son en su inmensa mayoría, es de esperarse que aprendan el idioma del país en donde viven. Si no están dispuestos a aprenderlo, ¿por qué no organizan un Club Rotario para personas de habla inglesa, ya sean residentes o transeúntes? En esta forma, el Club cumpliría con el cometido de las sociedades cívicas y organizaciones de residentes de lengua extranjera que existen en Nueva York, París, México, Buenos Aires, y en todas las grandes ciudades del mundo.

Es importante que los Directores del Club Rotario mediten sobre las anteriores preguntas. Como puertorriqueños ellos tienen una responsabilidad social y cultural que cumplir ante nuestro pueblo. Y mal pueden descargar esa responsabilidad si el más antiguo e importante de sus clubes permite que se excluya de sus deliberaciones el idioma de los puertorriqueños.

Francamente, yo no creo que los Directores del Club Rotario de San Juan hayan dado seria consideración a este asunto. Ellos han heredado una regla que seguramente fue puesta en vigor hace muchas décadas, cuando la calle de La Fortaleza pasó a llamarse Allen Street, el Campo del Morro se denominaba Fort Brooke, y se mantenía —desde 1898— como nombre oficial de la isla, Porto Rico. Pero los Directores, como puertorriqueños que son, tienen la obligación de reafirmarse con orgullo en sus valores históricos y culturales. Al igual que lo han hecho casi todos sus demás compatriotas.

La verdad es que, más que extraño, resulta inconcebible que a estas alturas de nuestro desenvolvimiento como pueblo todavía exista este rezago colonialista tan característico de los primeros años que siguieron al 1898. Y resulta más inconcebible todavía cuando pensamos que no existe dirigente u organización política, cultural o social alguna en Puerto Rico —incluyendo a los dirigentes y a las organizaciones anexionistas— que aplauda la absurda norma, cuya vigencia acaba de ratificar, respecto de sus miembros, el Club Rotario de San Juan.

Han sido frecuentes las ocasiones en que el Gobernador, la Asamblea Legislativa y el Tribunal Supremo de Puerto Rico, haciéndose portavoces del sentir colectivo de nuestro pueblo, han expresado que –sin menoscabo del conveniente aprendizaje del inglés– el idioma de los puertorriqueños es y seguirá siendo el español. Y hasta los tozudos y reaccionarios miembros norteamericanos del Comité *Ad Hoc* acaban de reconocer que el idioma español no debe proscribirse en el Tribunal de Estados Unidos en Puerto Rico.

No tengo la más mínima duda de que represento el sentir de la casi totalidad de los puertorriqueños al afirmar que el Club Rotario de San Juan no debe insistir en mantener en vigor su anacrónica norma de excluir el español como medio de comunicación en sus reuniones.

Así lo espera la casi totalidad de sus socios puertorriqueños y, estoy seguro, no pocos de sus miembros norteamericanos. Así lo espera el país.

El Mundo, 2 de agosto de 1975.

EL IDIOMA DE NUESTRA INDUSTRIA TURÍSTICA

¿Conoce usted algún país cuyo idioma nacional esté casi totalmente excluido como medio de comunicación escrita en su industria turística? La contestación a esta pregunta no resultará difícil. Especialmente para aquéllos que hayan viajado por el extranjero. En ninguna parte del mundo el idioma de la propia nación se excluye o cede el primer puesto, que lógicamente le corresponde, en su industria turística y en todas las actividades del país.

Por supuesto, nadie intenta en esta forma hacerle difícil la vida a los turistas. Todo lo contrario. Porque aquéllos que salen de su tierra a conocer otras lo que precisamente desean es venir en contacto con idiomas y culturas diferentes a la suya. Afortunadamente es una excepción el tipo de turista, de chata mentalidad, que pretende encontrar, en los países que visita, sus mismos patrones culturales.

Cualquier persona que haya viajado por España —país turístico por excelencia— habrá observado cómo en muchos lugares se emplean a veces hasta más de cinco lenguas. Pero también habrá visto que el idioma español siempre encabeza todos los mensajes y comunicaciones escritas.

Es triste, muy triste, la contestación a la pregunta que inicia esta columna. Porque, al igual que en tantas otras cosas, nosotros resultamos ser la excepción a la regla. Puerto Rico es el único país del mundo que en su industria turística emplea —por lo menos como medio de comunicación escrita en casi todos sus hoteles— un idioma que no es el suyo. Ese idioma es el inglés.

Yo no sé qué pensarán sobre este particular los españoles, venezolanos, colombianos, dominicanos, mexicanos y muchos millares de hispanoparlantes que visitan anualmente Puerto Rico. Pero evidentemente les será chocante el uso exclusivo del inglés en la industria turística de un país que piensa, habla y siente en español.

Esta situación, evidentemente anormal, acusa una grave falla cultural y resulta ser, además, perjudicial para nuestros intereses económicos. ¿Cuál es la clave que pueda explicar tan extraña anomalía? A fin de encontrarla tenemos que retrotraernos a la fundación del Hotel Caribe Hilton hace veintiséis años. Cuando se estableció este hotel, pionero de nuestra industria turística, la tendencia en Puerto Rico era a identificar turismo con turismo norteamericano.

Para esa fecha —1949— ya Puerto Rico había logrado rescatar, entre los valores que sufrieron el embate de la invasión política y cultural norteamericana a partir de 1898, muchos elementos fundamentales de su vida colectiva. Reimplantada la enseñanza en español en su sistema escolar público, y próximo a crearse el Instituto de Cultura Puertorriqueña, el país marchaba hacia la plena afirmación de su personalidad nacional.

La organización de la industria turística se basó, sin embargo, en presuposiciones no sólo erróneas sino completamente fuera de lugar desde el punto de vista de las realidades y perspectivas contemporáneas de la economía y del turismo mundial. La industria de turismo se había iniciado en Puerto Rico bajo la consigna de que debía mostrarse al turista no la verdadera personalidad del país sino su progreso en el camino de la norteamericanización. La presuposición era un verdadero absurdo: que mientras más se pareciera Puerto Rico a un estado norteamericano, mayor cantidad de turistas arribaría a nuestras playas procedentes de Estados Unidos. Planteado en esta forma, nuestro turismo no era en realidad sino un sistema de promoción del anexionismo.

Es de justicia reconocer, sin embargo, que, en medio de tan notable confusión, la apertura del Aeropuerto Internacional de Isla Verde fue ejemplo de sensatez en lo tocante a la política lingüística oficial. Son tres los idiomas oficiales presentes en todos los avisos del terminal aéreo: el español, el inglés y el francés. Sólo se destaca en el aeropuerto, como desconcertante excepción a la regla, la Oficina de Turismo, identificada exclusivamente en el idioma inglés.

Hace algunos días el señor Thomas Zeisel, gerente general del hotel Holiday Inn, expresó en la prensa del país que, para el próximo verano, la mayor parte de los huéspedes de dicho hotel provendrán de México, Colombia y Venezuela. Con anterioridad, la Oficina de Turismo anunció la probable celebración en Puerto Rico, durante 1976, de una importante reunión de agentes de viajes de la América Latina. Cabe la pregunta: ¿Cómo se sentirán los turistas hispanoparlantes en un hotel localizado en un país de habla española que, como idioma de comunicación escrita, emplea casi exclusivamente el idioma inglés?

Es evidente que la industria turística de Puerto Rico, para lograr un mayor desarrollo, tendrá que efectuar una reorientación de algunos de sus objetivos. Y uno de ellos es que debe ser factor afirmativo de nuestra cultura y personalidad nacional. En esta forma atraerá más turistas de Estados Unidos y ampliará sus horizontes, muy especialmente los de la América Latina y Europa.

Nunca he cambiado impresiones sobre el tema de esta columna con el actual Director de Turismo, el buen amigo Roberto Bouret. Pero me basta conocer las nuevas orientaciones que bajo su dirección se le han fijado a nuestra industria turística para deducir que este importante campo de nuestra vida económica y cultural está en muy buenas manos.

El crecimiento de Puerto Rico hacia su propia afirmación como pueblo debe expresarse en todas las fases de su actividad social. Confiamos en que la industria turística, rectificados sus errores iniciales, se transformará en factor de creciente importancia, no sólo en el orden económico sino también en la esfera cultural.

El Mundo, 10 de enero de 1976.

EL INGLÉS: ¿CUÁNDO DEBE COMENZAR A ENSEÑARSE?

Nadie podrá negar que la casi totalidad de los escolares de Puerto Rico terminan sus estudios sin un buen conocimiento de los idiomas español e inglés. Bastará oír la conversación de la generalidad de nuestros compatriotas para advertir, de inmediato, la pobreza de su vocabulario, su encogida y vacilante expresión, así como los muchos errores sintácticos en que incurren.

Al así escucharlos vienen a nuestra mente las palabras del insigne poeta Pedro Salinas: "¿No nos causa pena, a veces, oír hablar a alguien que pugna, en vano, por dar con las palabras, que al querer explicarse, es decir, expresarse, vivirse, ante nosotros, avanza a trompicones, dándose golpazos, de impropiedad en impropiedad, y sólo entrega al final una deforme semejanza de lo que hubiera querido decirnos?".

Es muy triste admitirlo, pero, ¿no es cierto que las palabras del poeta Salinas son aplicables a un sector muy considerable de nuestros compatriotas? Por otra parte, nadie osará decir que los puertorriqueños –por el hecho de ser puertorriqueños– nacen con una natural inclinación a no aprender bien ningún idioma, ni tan siquiera su idioma materno. ¿Dónde está, pues, el secreto, la causa de esta extraña y anómala situación?

Hace medio siglo un puertorriqueño de admirable cultura, desbordante talento y muy acusado sentido común, el ilustre don Epifanio Fernández Vanga, dijo lo siguiente: "Para aprender inglés debemos conocer antes suficientemente nuestro idioma. ¿Cuándo es que, como promedio, nuestras generaciones tienen las nociones bastantes o el conocimiento suficiente de nuestro idioma nativo para emprender el estudio de una lengua extranjera? Decididamente, y hablando en términos pedagógicos —concluía Fernández Vanga— después que han terminado toda la instrucción elemental".

El doctor Pedro A. Cebollero, decano por muchos años de la Facultad de Pedagogía de la Universidad de Puerto Rico, propuso en 1945 que la enseñanza del inglés comenzara en el cuarto grado de primaria.

Antes que Fernández Vanga y Cebollero expresaran sus criterios sobre la materia, el doctor Nicholas Murray Butler, eminente educador norteamericano y ex-Presidente de la Universidad de Columbia, Nueva York, había defendido las mismas ideas pedagógicas. Y una autoridad en asuntos educativos, el profesor Carlos Balby, de la Suiza francesa, había dicho: "El estudio de una segunda lengua es estéril mientras no se haya removido en todas las direcciones la lengua materna, como a un terreno nuevo; si, por el contrario, el alemán, el inglés, el latín o el griego, llegan a su hora, es decir, no llegan temprano, encontrarán el terreno admirablemente preparado y, por las muchas diferencias que los distinguen del idioma materno, incitarán a un mejor conocimiento de éste".

Hay verdades que se proyectan invariables a través de los siglos. Hace dos mil años decía Plutarco: "Las personas que se asocien con el niño deberán hablarle en lengua griega, porque, si se le acostumbra a la conversación con gente de lengua bárbara (extranjera), adquirirá, del trato con ellos, *manchas* que nunca más se borrarán de su espíritu" (énfasis nuestro).

Butler, Balby, Fernández Vanga, y Cebollero no hicieron otra cosa que recoger, en sus escritos, esa certera verdad que expresara

Plutarco hace dos mil años. Verdad que ha guiado y guía los sistemas de enseñanza de *todos* los pueblos del mundo con una sola excepción: Puerto Rico.

¿Por qué tiene que ser Puerto Rico la excepción? ¿Por qué? ¿Hasta cuándo vamos a penalizar a los escolares puertorriqueños con un sistema de enseñanza que impone el aprendizaje de una lengua foránea desde el primer grado?

Pero hay motivos para sentirnos esperanzados. Y para confiar en que, en un futuro próximo, nuestro sistema escolar se pondrá a tono con lo que es norma universal en el campo de la pedagogía.

En un seminario sobre "Contacto de Lenguas" recientemente celebrado en la Universidad Católica de Puerto Rico, el doctor Luis Osvaldo Zayas, director del Departamento de Estudios Hispánicos de dicho centro docente, dijo: "No se debe enseñar inglés hasta después del sexto grado, de manera que, desde el *Kinder* hasta dicho grado, los estudiantes profundizarían en el vernáculo y, luego, a partir del séptimo, comenzarían a aprender el inglés, ya que entonces tendrán la base profunda de la estructura lingüística del vernáculo".

En ese mismo seminario el filólogo alemán Gunther Haensch estuvo de acuerdo con la posición del doctor Zayas. Expresó que "para aprender una lengua extranjera primero es necesario dominar a profundidad la lengua vernácula y que la mejor edad para comenzar a aprender una lengua extranjera es a los doce años". Óigase bien esto: ¡a los doce años!

En 1949 se puso fin, en el sistema escolar público de Puerto Rico, al absurdo sistema que empleaba el inglés como medio de enseñanza. Comprendo el por qué, en esa fecha, el gobierno de Puerto Rico no se sentía con el poder necesario para redondear la reforma del sistema educativo del país.

Han transcurrido treintiséis años desde aquella memorable reforma. ¿No es tiempo ya de completarla, estableciendo el grado en que –de acuerdo con los principios pedagógicos y no por razones políticas– deba ponerse al alumno puertorriqueño en contacto con el idioma inglés? Por el bien del aprendizaje de su propio idioma. Y por la conveniencia, además, de su adecuado conocimiento del idioma inglés.

El Mundo, 9 de octubre de 1976.

PONENCIAS

LA SIGNIFICACIÓN Y TRASCENDENCIA DE LA OBRA DE GERMÁN DE GRANDA GUTIÉRREZ

Ponencia leída por el Presidente del Ateneo Puertorriqueño en el foro celebrado en dicha institución el 19 de febrero de 1969. La misma sirvió de prólogo a la segunda edición del libro "Transculturación e interferencia lingüística en el Puerto Rico contemporáneo", de Germán de Granda Gutiérrez.

Se me ha pedido que analice en el breve término de veinte minutos las implicaciones políticas del libro *Transculturación e interferencia lingüística en el Puerto Rico contemporáneo (1898-1968)* del profesor Germán de Granda Gutiérrez. Aunque el tema sería más bien propio para una extensa conferencia, no podía declinar la invitación para participar en este acto. El mismo constituye un reconocimiento a su autor, ese distinguido profesor español que vino a nuestra patria con el propósito de dictar una cátedra, y que, al cabo de un año de residencia y de actividad docente entre nosotros, conmovida su sensibilidad moral e intelectual ante el drama de nuestro pueblo, nos regala este valioso libro, que surge en un momento crítico de

39

nuestra historia política[1] como poderoso alegato en defensa
del derecho de Puerto Rico a su existencia nacional.

Debemos darle gracias a don Germán de Granda porque al
escribir esta obra, en alto espíritu de hermandad hispana, fue
más allá del cumplimiento de los deberes que le imponía su
cargo. Y además, porque, al expresarse sobre nuestra situación con entera libertad, honradez y valor, salva la responsabilidad histórica de la Madre Patria en un momento de grave
peligro que vive esta parte de la Hispanidad que es Puerto Rico.
Ya era tiempo de que sobre nuestro caso hablara un español,
con claridad y justicia, por los muchos que, ¡increíblemente!,
se han manifestado y se manifiestan en favor de la asimilación
cultural y política de nuestro pueblo, o sólo hablan sobre ello a
medias, o sencillamente callan. ¡Gracias, pues, a De Granda,
por haberle rendido este gran servicio a la verdad, a Puerto
Rico, a España y a todo el mundo hispánico!

Antes de proseguir creo necesario señalar que no me propongo hacer una alabanza incondicional de su libro. No estoy
de acuerdo con todos sus enfoques e interpretaciones; sin embargo, comparto su tesis fundamental y sus conclusiones, particularmente la que señala que el más grave de los males que
aquejan en este momento a la personalidad nacional puertorriqueña es el deterioro del idioma, empobrecido en el léxico
y perturbado en la sintaxis. Me parece admirable el que una
persona que hace muy pocos años vino por primera vez en
contacto con nuestros problemas haya logrado, en tan corto
término, tan profundo entendimiento de los mismos. Por otra
parte estimo del todo conveniente que las conclusiones a que
llega el autor en materia lingüística sean sometidas a corrobo-
ración mediante un estudio científico complementario. Desde

---

[1] En las últimas elecciones generales celebradas en Puerto Rico, el
5 de noviembre de 1968, resultó triunfante, aunque por pluralidad de
votos (sólo obtuvo el 45% del total de votos emitidos), el partido político que postula la incorporación de Puerto Rico a los Estados como
miembro de la federación norteamericana.

que en 1948 Tomás Navarro Tomás publicara *El español en Puerto Rico*, no se ha hecho una investigación abarcadora sobre el estado de la lengua en el país. Sólo se han producido estudios referentes a problemas específicos. Esa investigación a fondo se hace necesaria no sólo porque ya han transcurrido veintiún años desde la publicación de la obra –veintiún años que en esta materia representan muchísimo más tiempo pues coinciden con la etapa de más profundo cambio social y cultural que se ha producido en Puerto Rico desde el 1898– sino porque Navarro Tomás circunscribió su estudio a la población campesina, que era entonces la clase más importante en nuestra estructura social y la cual ha sido desplazada en significación e influencia por la creciente clase media, tan estrechamente vinculada al actual desarrollo industrial del país. Como muy bien afirma este gran filólogo en su prólogo a la segunda edición (1966) de la referida obra: "Está por realizarse el plan ideal que abarque el estudio del español de toda la isla en sus centros urbanos y en sus barrios campesinos y que señale sus distintos niveles entre ancianos, adultos y jóvenes, entre personas instruidas, semicultas e iletradas, y entre hombres y mujeres. La fisonomía, las tendencias, la vitalidad o decadencia y la firmeza o inseguridad de la lengua hay que buscarlas en la entrelazada comunicación y convivencia de esos grupos sociales".

Hechas estas consideraciones iniciales procederemos a analizar las implicaciones políticas de la obra cuya discusión nos reúne aquí esta noche.

En primer término es de justicia manifestar que, antes de publicarse este libro, autores puertorriqueños y extranjeros habían abordado –algunos de ellos con acierto y brillantez– el gran tema de nuestro pueblo: el derecho de la nación puertorriqueña a dirigir su propia vida y a proyectarla en la historia. Basta con ojear las notas al calce y la bibliografía incluidas en la obra de De Granda para comprobar el hecho. Pero también es de justicia consignar que nadie había concebido su estudio, como lo hace nuestro autor, a base de un análisis de la situación del idioma desde el 1898 hasta el presente. Esta obra debe situarse a la altura de los penetrantes ensayos que componen los libros *Insularismo*, de Antonio S. Pedreira, y *Prontuario Histórico de Puerto Rico*, de Tomás Blanco —profunda interpretación de nuestro desarrollo como pueblo— así como del revelador estudio de los esposos Diffie, *Puerto Rico: A Broken Pledge*, (*Puerto Rico: Una promesa incumplida*), trabajos que tuvieron marcada influencia en la gestación de una era política que tiene sus raíces inmediatas en la década del treinta, se inicia en 1940 y termina el 5 de noviembre de 1968. Surge, pues, este libro de singular importancia en el preciso momento en que comienza una etapa, tal vez decisiva, en la lucha por la supervivencia nacional puertorriqueña.

Está en orden advertir que el término *transculturación* se emplea en esta obra en su correcto sentido sociológico: la gradual sustitución o desplazamiento de una cultura por otra. Hacemos esta aclaración porque algunos usan el término en forma errónea, al equipararlo con el concepto de enriquecimiento cultural que describe el proceso normal y deseable de interacción entre pueblos que se tratan como iguales. A base de ese concepto del término transculturación comienza De Granda por advertir dos épocas o etapas en el proceso de transculturación de Puerto Rico: el período que corre desde la invasión norteamericana hasta la ascensión al poder del Partido Popular Democrático en 1940 y el que transcurre desde esa fecha hasta el presente. Las diferencias fundamentales entre una y otra época las resume el autor de la siguiente forma:

1. "La velocidad del proceso de transculturación isleña no es constante desde 1898 hasta hoy, sino desigual. Muy lenta de 1898 a 1940, y, en cambio, acelerada en los años posteriores a esta última fecha".
2. "También ha sido desigual la amplitud del fenómeno de transculturación en los dos períodos. Entre 1898 y 1940 sólo

fue afectado por él un sector relativamente reducido de la sociedad puertorriqueña: la incipiente clase media urbana y, en menor proporción, el proletariado azucarero. Entre 1940 y el momento actual, en cambio, prácticamente toda la comunidad es afectada por la transculturación, excepto dos grupos sociales marginales y progresivamente decrecientes: la élite intelectual humanista y algunos núcleos de la población campesina montañesa adscrita a las subculturas del café y del tabaco".

3. "La profundidad de la transculturación isleña también ha variado entre 1898 y 1940 y desde esta fecha en adelante. En la primera etapa, *grosso modo*, quedó reducida la penetración del proceso a las esferas económica y política, tocando sólo de modo tangencial lo sociocultural. En la segunda, la transculturación está afectando de lleno la esfera de la conducta y de los valores culturales".

4. "La profundidad, amplitud y velocidad de la transculturación posterior a 1940 han producido un estado de desintegración social y de anomía sicológica cuyas manifestaciones son cada vez más perceptibles".

"Todos los síntomas —continúa De Granda— que evidencian sicológica y socialmente la presencia de un estado de 'anomía', concomitante normal de las etapas avanzadas del proceso de aculturación, se hallan presentes en el Puerto Rico actual. Actitud creciente de inseguridad, de incertidumbre, de ansiedad, impotencia existencial, pasividad y hastío como rasgo distintivo del *"men"* puertorriqueño, irresponsabilidad y escapismo como secuela de un sentimiento de inferioridad colectiva, estado de dependencia sicológica y existencial, minusvaloración de la propia imagen, frustración espiritual y soledad, son aspectos diferentes de la caracterización interna, síquica, del puertorriqueño proletario o, incluso, del perteneciente a la clase media". Hasta aquí las palabras de De Granda.

La prueba más elocuente de que hasta 1940 el proceso de transculturación no había afectado a nuestro pueblo lo suficientemente como para poner en peligro su propia existencia, la constituyeron los acontecimientos del trienio 1937-1940, que llevaron al poder político a un partido dirigido por un grupo de hombres y mujeres que creían no sólo en la justicia social, sino también en la independencia como solución final al problema político de Puerto Rico.[2] La demostración más clara de que desde 1940 hasta el presente el proceso de transculturación ha conducido a nuestro pueblo a un estado peligrosamente cercano a la desintegración social y al desorden sicológico nos la ofrece el resultado de las últimas elecciones, aún haciéndose abstracción del hecho de que en ellas influyeron notablemente cuestiones de liderazgo y de continuismo político ajenos a nuestros problemas fundamentales.

La primera conclusión de tipo político a que llegaremos en este análisis es la de que mientras se mantenga el presente régimen colonial, o sea, mientras el poder para tomar las decisiones fundamentales que afectan a Puerto Rico resida en los Estados Unidos, no podremos detener el proceso de transculturación, y con él la eventual desintegración de nuestra sociedad. No importa que los funcionarios coloniales sean puertorriqueños en vez de norteamericanos y que se nos permita tocar nuestro himno a continuación del de los Estados Unidos, o flotar nuestra bandera al mismo nivel de la norteamericana, la colonia seguirá siendo colonia, con todas sus realidades y consecuencias indeseables para nuestra vida de pueblo.

Los hechos históricos confirman esta tesis. Es cierto que durante las primeras décadas del siglo la dirección de Instrucción Pública estuvo encomendada a norteamericanos, quienes en su inmensa mayoría y sin reparos de clase alguna manifestaban que la educación tenía como principal propósito el americanizar a los puertorriqueños. Sin embargo, en esa época nuestra puertorriqueñidad era mucho más robusta de lo que

---

[2] El Partido Popular Democrático, fundado y dirigido por Luis Muñoz Marín.

es hoy. Ni los mismos anexionistas de entonces ocultaban su ardiente amor por el suelo que los vio nacer. Así, un Virgilio Dávila, alcalde de Bayamón, exclama en uno de sus poemas: "¡Yo no tengo más patria que Puerto Rico, no quiero más bandera que su bandera!" Cierto que el reestablecimiento del español como idioma de la enseñanza en las escuelas públicas se logró después de 1940 —para ser preciso, en 1949— mediante disposición administrativa del Secretario de Instrucción Pública, pero también es verdad que fue después del 1940 que se redobló en las escuelas privadas, cada vez más numerosas, el uso del idioma inglés como lengua escolar, con la aquiescencia del gobierno del Partido Popular. Es pertinente señalar al respecto que su dirigente máximo, Luis Muñoz Marín, por razones de supuesta conveniencia política, manifestó que estas escuelas podían enseñar *en* inglés, a diferencia de la escuela pública que enseña *en* español, alegando especiosamente que los padres deben tener libertad para escoger el idioma de la enseñanza de sus hijos.

Es verdad que antes de 1940 no teníamos un Instituto de Cultura[3] que fomentara, como lo ha hecho, y en tan magnífica forma, el conocimiento y difusión de nuestros valores culturales; sin embargo, nuestra pequeña clase media y nuestro gran proletariado de entonces eran mucho más puertorriqueños que lo que lo son 30 años después. Es también verdad que antes de 1940 no contábamos con la impresionante producción editorial sobre temas nacionales que ahora tenemos, ni habíamos desarrollado las artes plásticas, el teatro ni la música al nivel a que las hemos llevado 30 años después; sin embargo, la influencia de estos magníficos movimientos culturales no ha logrado reducir en forma perceptible la despuertorriqueñización de una

---

[3] El Instituto de Cultura Puertorriqueña, organismo oficial del Gobierno de Puerto Rico, fue establecido por ley en el año 1955 para conservar, promover, enriquecer y difundir los valores del patrimonio histórico-cultural de nuestro pueblo.

parte considerable de nuestro pueblo. Como muy bien afirma De Granda, "antes de 1940 coexistía una personalidad individual y social normal con un estado general de miseria, mientras que después de esa fecha, a una relativa prosperidad económica y a un cierto 'liberalismo' político corresponde una personalidad puertorriqueña, individual y colectivamente turbada, neurótica, insegura y, en resumen, enferma".

No importan, repito, las variaciones en el grado de poder local, no importa —para recordar una acertada frase pronunciada en 1936 por Luis Muñoz Marín— que la colonia sea con cadena corta o con cadena larga. Si los puertorriqueños no tenemos el poder de fijar nuestros propios aranceles de aduana, ni de establecer relaciones diplomáticas con otras naciones; si no podemos evitar que la metrópoli envíe nuestros hijos a sus guerras; si no está en nuestras manos determinar quiénes son las personas que deben o no entrar a nuestro territorio; si carecemos de autoridad para dirigir y ordenar el desarrollo de nuestra industria, economía y comercio; si no controlamos nuestras comunicaciones con el exterior ni tenemos pleno dominio sobre las internas; si no podemos, en fin, tomar nuestras propias decisiones sobre los asuntos que nos atañen como pueblo, aunque el Gobernador y los miembros del gabinete, los senadores, los representantes y el Jefe de la Policía sean puertorriqueños, no podremos subsistir como nación. ¿Cómo vamos a sobrevivir si, precisamente, esos poderes de que carecemos son utilizados por el Gobierno de los Estados Unidos, que injustamente los detenta, para fomentar la irrestricta penetración en nuestro país de las fuerzas económicas y culturales de la nación más rica, poderosa y expansiva del mundo? ¿Qué le ocurrirá, no a un país del tamaño y población de Puerto Rico, sino, por ejemplo, a Colombia, con una población ocho veces mayor que la nuestra y un territorio ciento veintiocho veces más extenso, si para acelerar el crecimiento económico en su territorio y aumentar así, en forma más rápida, el ingreso per cápita de sus habitantes, se le ocurriese aceptar como propia la ciudadanía norteamericana, colocar al país bajo el dominio del Congreso de los Estados Unidos y abrir sus fronteras, sin limitaciones, a las fuerzas económicas y culturales de esta nación? Después de transcurrido algún tiempo no hay duda de que a cambio de la entrega del país aumentarían los sueldos y salarios (que por supuesto jamás llegarían a ser comparables con los de Estados Unidos) y también aumentaría, por consiguiente, el ingreso per cápita de los colombianos. ¿Pero no sería esto impulsar —siguiendo el modelo de Puerto Rico— la gradual desintegración de la nación colombiana, al promover, no el progreso *de* Colombia, sino el progreso de una economía extranjera *en* Colombia? ¡Absurda forma sería ésta de procurar el desarrollo económico de un pueblo a cambio de convertirlo en una legión de consumidores sin propósito nacional alguno; a cambio de la entrega de su soberanía política, a cambio de destruirle su propia identidad, su propia personalidad, su propia vida! ¡Y pensar que se ha tenido y se tiene la osadía de proponernos como ejemplo de relaciones políticas con los Estados Unidos a ser imitado por las naciones hermanas de Hispanoamérica!

Hablar, por lo tanto, en forma vacilante, tímida e imprecisa, de un posible crecimiento político de Puerto Rico a base de las recomendaciones que puedan hacer al gobierno de los Estados Unidos unos Comités *Ad hoc* —comités conjuntos de norteamericanos y puertorriqueños *dominados por mayorías de los primeros* y cuyas funciones, casi dos años después del llamado Plebiscito de 1967, son poco menos que un misterio— significa no haberse percatado de que el momento histórico que vivimos exige la confrontación total con las fuerzas asimilistas que conducen el país hacia su entrega definitiva. ¿No está ya meridianamente claro, como dice De Granda, que todos los esfuerzos que ha hecho o pueda hacer el Estado Libre Asociado para proteger la personalidad puertorriqueña "no han podido ni podrán contrarrestar los resultados de una estructura económica en manos americanas; de una sociedad cuyas normas y valoraciones calcan miméticamente las americanas; de una tecnología, una industria y un comercio procedentes casi en su totalidad de los Estados Unidos"?

Resulta, pues, evidente que aunque se transfiriesen algunos poderes políticos al pueblo puertorriqueño, si éstos no fueran precisamente aquéllos que le habilitaran para tomar las decisiones fundamentales sobre sus procesos económicos, culturales y sociales, la transculturación y el desplazamiento continuarían en forma más intensa para llevarnos eventualmente a la desintegración como pueblo. ¿No es suficiente prueba de que vivimos a merced de voluntades ajenas el hecho de que un hombre desconocido para los puertorriqueños, y residente fuera de nuestro territorio, como lo es Mr. Thomas W. Gleason, director de las uniones marítimas de los Estados Unidos, pueda ordenar el virtual bloqueo comercial de Puerto Rico, tal como el que recientemente sufrimos, con graves pérdidas y trastornos para nuestra economía? Ningún país puede subsistir si no elimina a tiempo las causas generadoras de su propia disolución. Nada que no sea la transferencia de la soberanía a Puerto Rico, llámesele como se le llame al sistema político resultante, podrá darnos el poder necesario para eliminar el peligro que se cierne sobre nuestra existencia misma.

Este libro de Germán de Granda duele, y duele profundamente. Es cierto que al terminar de leerlo podemos correr el riesgo de caer en aquel trance depresivo que hizo exclamar al poeta Luis Muñoz Rivera:

> Borinquen, la cenicienta,
> no puede romper su cárcel,
> porque faltan, vive Cristo,
> mucho nervio en su carácter,
> mucho plomo en sus colinas
> y mucho acero en sus valles,
> porque en sus campos no hay pueblo;
> porque en sus venas no hay sangre.

Pero también es cierto que este libro puede y debe servirnos de estímulo y acicate para despertar nuestra voluntad, activar

nuestras fuerzas y hacer que en forma resuelta nos pongamos
de pie. ¡Ya es tiempo de que hagamos realidad el patriótico
anhelo de Betances, de De Diego y de AIbizu Campos! ¡Ya es
tiempo de que nos enfrentemos al problema de nuestra supervivencia colectiva con la firme e inquebrantable determinación
de resolverlo! Es verdad que la inmensa mayoría de los puertorriqueños (aun de aquellos que militan en el partido anexionista)
desean, en mayor o menor grado, conservar su propia identidad cultural. Pero también es cierto que desde que se fraguó
nuestra personalidad nacional, a principios del siglo pasado,
los puertorriqueños han vivido, en su gran mayoría — primero
bajo España y después bajo Estados Unidos— entregados a un
anormal y peligroso dualismo sicológico-político: en lo cultural –bajo ambas metrópolis— puertorriqueños; en lo político,
anteriormente españoles y, desde 1898, norteamericanos. La
experiencia que tuvo Puerto Rico bajo el dominio español durante el siglo pasado nos impulsó a la lucha por la libertad
política a pesar de que dicho régimen, como es evidente, no
podía conducir a la disolución de nuestra cultura. La experiencia ha comprobado que, bajo los Estados Unidos, este dualismo, este ser y no ser, nos llevará eventualmente a la desaparición como pueblo hispanoamericano.

   ¡Pero aún estamos a tiempo para salvarnos! Todavía la mayor parte del propio liderazgo anexionista, incluso aquellos
pocos que por desgracia han perdido los sentimientos y la conciencia puertorriqueña, saben que no tienen fuerza en el país
para lograr el reestablecimiento de la enseñanza en inglés en
las escuelas públicas; ni para transformar el Instituto de Cultura Puertorriqueña en un mero centro de actividad folklórica;
ni para abolir la autonomía universitaria; ni para introducir el
inglés como idioma de las cámaras legislativas, la rama ejecutiva y los tribunales de justicia. Aún no ha llegado el momento
en que los anexionistas se sientan con poder para suprimir la
participación de Puerto Rico, como nación con representación
propia, en las jornadas deportivas internacionales, o diluir a

los puertorriqueños en la delegación olímpica de los Estados Unidos, al igual que fue diluido el Regimiento 65 de Infantería[4] en el ejército de los Estados Unidos. Que estamos a tiempo todavía lo comprueba el hecho de que el español fue el idioma usado en la ceremonia de toma de posesión de don Luis A. Ferré, primer gobernador puertorriqueño asimilista.

Los anexionistas saben que la gran mayoría de los que les favorecieron con sus votos en las pasadas elecciones se consideran puertorriqueños y no desean que se les trate culturalmente como norteamericanos. Aun aquellos que, víctimas del complejo colonialista, redactan en inglés los anuncios de sus negocios, todavía hablan en español y se sienten puertorriqueños. De que lo anteriormente dicho corresponde a la realidad lo comprueba el hecho de que el actual Comisionado Residente de Puerto Rico en el Congreso de los Estados Unidos (sin derecho a votar e incluso sin derecho propio a hablar en ese cuerpo legislativo), un connotado anexionista y asimilista, ha insinuado que el proceso de norteamericanización cultural que haría posible la estadidad tomaría no menos de un cuarto de siglo.

Los que desean la asimilación de Puerto Rico por los Estados Unidos han fijado a este proceso un plazo de 25 años. Fijemos nosotros, los que queremos seguir siendo puertorriqueños, un plazo mucho más corto para poner fin, de una vez y para siempre, al peligro de extinción que desde hace 70 años se cierne sobre nuestra nacionalidad. Hagamos un esfuerzo por dar a conocer a todo el país la gravísima situación que denuncia este libro de Germán de Granda. Su mensaje de alerta sacudirá nuestra conciencia puertorriqueña y ayudará a disponerla para la acción colectiva que ponga fin, en nuestra patria, al presente régimen de subordinación política, cultural y económica, que amenaza con destruir nuestra existencia como Pueblo.

---

[4] Unidad del ejército norteamericano integrado casi exclusivamente por compatriotas nuestros.

LA REFORMA LINGÜÍSTICA: UNA OBRA INCONCLUSA EN EL SISTEMA ESCOLAR DE PUERTO RICO

Ponencia leída el 24 de enero de 1975 ante el Congreso de la Lengua, la Cultura y la Educación, auspiciado por el Instituto de Lexicografía Hispanoamericana y la Universidad de Puerto Rico en el Recinto Universitario de Mayagüez, Puerto Rico.

Es un hecho de carácter histórico que, poco después de la ocupación militar de Puerto Rico por los Estados Unidos en 1898, recobrada la serenidad luego de la confusión y el aturdimiento que produjo aquel violento acontecimiento, las fuerzas representativas de la puertorriqueñidad se reagruparon para oponer firme resistencia al proceso de asimilación política, económica y cultural abiertamente iniciado por el nuevo soberano.

Tres cuartos de siglo han transcurrido desde entonces. Nadie podría negar que, durante esos largos años, Puerto Rico ha realizado el milagro, no sólo de sobrevivir —que ya eso de por sí es mucho— sino de afirmarse en su personalidad nacional, de enriquecerla, de levantar con orgullo la bandera representativa de sus valores históricos y culturales, en fin, de decirle a la nueva metrópoli, y al mundo entero, que ha rechazado la ruta

51

que conducía a su disolución y que se encamina, resuelto, a afirmar plenamente en la historia su personalidad colectiva.

La prueba más rotunda de ello es que, al presente, ninguna entidad política, cultural o social puertorriqueña aceptaría la subordinación de nuestro idioma al idioma de la metrópoli, subordinación que fue acatada durante los primeros cuarenta años del siglo, no sólo por las esferas del gobierno local sino por destacadas personalidades así como por diversas organizaciones culturales, cívicas y sociales.

Ésta es una realidad que debe complacer, no sólo a los puertorriqueños sino a todo el mundo hispánico, así como a los hombres amantes de la justicia: el que a pesar de no tener poderes soberanos en el ámbito político, el Gobernador, la Asamblea Legislativa y el Tribunal Supremo de Puerto Rico, hayan defendido y defiendan el derecho y la determinación del país a continuar siendo lo que por su historia y su naturaleza es: una nación hispanoamericana.

La primer gran demostración que dimos, en la lucha por la conservación y el enriquecimiento de nuestra personalidad nacional, fue el rechazo de aquel absurdo sistema que imponía la enseñanza en inglés de todas las materias en la escuela pública. Rechazo que alcanzó trascendencia internacional en los verbos resonantes de José de Diego y de Pedro Albizu Campos, y que —después de una dura y larga batalla frente a poderosas fuerzas, tanto en Puerto Rico como en Washington— culminó, en 1949, con la implantación de la enseñanza en el idioma nacional de Puerto Rico, y, ello, por decreto administrativo del entonces Secretario de Instrucción Pública, doctor Mariano Villaronga, decreto inalterado hasta nuestros días.

Han transcurrido veintiséis años, casi una generación, desde la reforma de 1949. Mucho se ha progresado desde entonces en la producción de libros de texto en español, así como en la traducción, principalmente del inglés, de numerosas obras necesarias para la buena marcha de nuestro sistema educativo.

Pero, a pesar de la reforma de 1949, hay todavía millares de escolarcs puertorriqueños que reciben la educación en inglés en muchas escuelas privadas que se obstinan en impartir la enseñanza en dicho idioma. El problema tiene vastas repercusiones culturales. No se trata —como podrían pensar los distinguidos visitantes de España, Hispanoamérica y Estados Unidos, que nos honran con su presencia en este Congreso— de cuatro o cinco liceos en donde los hijos de las personas de habla inglesa, radicados temporeramente en Puerto Rico, reciben la instrucción en esa lengua. Esto, naturalmente, nos parecería muy razonable, pues no habríamos de negar a cllos, so pena de cometer una grave injusticia, el derecho que reclamamos para nuestros propios hijos.

Se trata, por el contrario, de todo un sistema de educación privada, cuya matrícula ascendía en 1974 a 99,765 alumnos, o sea, casi el 14% del total de 713,166 escolares que en ese año recibían la enseñanza en las escuelas públicas de Puerto Rico. Un sistema escolar en el cual no es obligatoria —como lo es en las escuelas públicas desde 1949— la enseñanza en el idioma materno de los estudiantes. Con la especial circunstancia de que los alumnos que concurren a estos planteles educativos pertenecen a la clase media alta o a la clase rica, por lo cual, inevitablemente, ejercerán en el futuro una gran influencia en nuestros asuntos políticos, económicos y culturales.

Muchos pensarán —es lógico suponer— que si se hiciera obligatorio, en el sistema escolar privado, el empleo del correcto principio pedagógico de la enseñanza en español, la reforma de 1949 quedaría finalmente completada. Y que, naturalmente, sólo restaría, al igual que en todos los países del mundo, mejorar la calidad de la enseñanza para lograr el desarrollo integral de la personalidad del alumno y así atender a las necesidades de la sociedad en que éste se desenvuelve.

Es lamentable tener que afirmar que la anterior conclusión no sería válida, porque siempre subsistiría, tanto en la escuela pública como en la privada, una realidad pedagógica que constituye uno de los errores fundamentales de la educación en nuestro país, y causa principal de la mediatización que se refleja en el habla del puertorriqueño promedio.

Bastará con escuchar la conversación de la generalidad de nuestros compatriotas para uno percatarse de la pobreza de su vocabulario, de su tímida y vacilante expresión, de los muchos errores sintácticos en que incurren. El gran poeta y mentor Pedro Salinas, en su célebre discurso pronunciado en 1944, en ocasión de la cuadragésima colación de grados de la Universidad de Puerto Rico, nos decía: "¿No nos causa pena, a veces, oír hablar a alguien que pugna, en vano, por dar con las palabra, que al querer explicarse, es decir, expresarse, vivirse, ante nosotros, avanza a trompicones, dándose golpazos, de impropiedad en impropiedad, y sólo entrega al final una deforme semejanza de lo que hubiera querido decirnos?".[1]

Bastará con escuchar el habla de los españoles, colombianos, cubanos, e hispanoamericanos en general, para uno advertir que poseen mayor fluidez, más rico vocabulario, más corrección sintáctica, más seguridad en la expresión, que los puertorriqueños.

Todos sabemos que cuando estos últimos participan en asambleas o reuniones con españoles o hispanoamericanos, los que más se destacan —en términos generales, repito— por su capacidad para comunicar oralmente con la mayor claridad y efectividad sus ideas, no son precisamente los puertorriqueños.

Esto que hemos expresado es innegable, es el reconocimiento de un hecho. Y, por supuesto, no para que de ello surja una presunción de inferioridad por parte nuestra. Ya dije antes que por haber conservado, nuestro idioma y cultura, nuestra personalidad nacional en medio de las más adversas circunstancias históricas —no empece ciertas deformaciones y enquistes, resultado inevitable de 76 años de intenso proceso de transculturación—

---

[1] Pedro Salinas, *Aprecio y defensa del lenguaje*, Ediciones La Torre, Universidad de Puerto Rico, 1964, pág. 16.

por ese solo hecho, repito, debemos sentirnos orgullosos. Se trata de lo que, con toda propiedad, podemos llamar el triunfo de la resistencia puertorriqueña. Quiero reiterar, sobre el particular, lo que expresamos ante el Primer Congreso de Lexicografía Hispanoamericana en la sesión celebrada en el Ateneo Puertorriqueño el 3 de diciembre de 1969: El idioma español es dos veces nuestro. Primero, por herencia. Segundo, porque no sólo lo hemos sabido defender y retener frente a violentos y persistentes ataques, sino porque lo hemos enriquecido con nuestras aportaciones literarias y lexicográficas. Es y seguirá siendo el idioma nacional de Puerto Rico como resultado no del azar histórico, sino de la voluntad de lucha, de la decisión inquebrantable de este pueblo de no rendir jamás su más preciosa posesión.

Pero por más orgullosos que podamos estar los puertorriqueños ante el resultado positivo de tantas luchas y esfuerzos, no por eso debemos ignorar el hecho señalado anteriormente: los demás hispanoamericanos y los españoles —hablando siempre en términos generales— poseen mayor dominio del idioma español, especialmente en su uso oral.

Pues bien, intentemos encontrar la causa fundamental de esta situación que indudablemente debe corregirse para beneficio no sólo de Puerto Rico, sino de toda la Hispanidad.

Excluiremos de nuestro análisis el efecto que indudablemente tienen, en el habla de los puertorriqueños, los factores de naturaleza extra-escolar; entre otros, la prensa, la radio y la televisión. La limitada extensión de esta ponencia no nos permite adentrarnos en la consideración del mal empleo del idioma en dichos medios de comunicación. Pero, además, esta deficiencia es ciertamente, y en gran medida, un efecto del problema fundamental que procederemos a examinar ahora.

¿Cuál es el factor determinante de que los puertorriqueños no alcancen el grado de dominio de su idioma materno —particularmente en su aspecto oral— característico en españoles e hispanoamericanos?

Antes de ofrecer la contestación a la pregunta, procederemos a situar, en su adecuada perspectiva, otras posibles causas del problema. En Puerto Rico, al igual que en España e Hispanoamérica se emplea el español como medio de enseñanza en todos los niveles educativos, con excepción de un sector en las escuelas privadas. Claro está, la anormalidad pedagógica de la enseñanza en inglés, vigente todavía en muchas escuelas privadas, en buena medida tiene que ser causa de la pobreza expresiva que hemos señalado. Igualmente ocurre con los libros de texto. Todavía no hemos llegado al punto en que los libros que se usan en la enseñanza en Puerto Rico —desde la elemental hasta la universitaria— sean todos escritos originalmente en español o traducidos correctamente a dicho idioma. Pero aunque no deben descartarse estos factores en el análisis del problema que es objeto de estas consideraciones, ninguno de ellos tiene, a nuestro juicio, la trascendencia del que vamos a señalar a continuación.

Señores, trataremos de demostrar brevemente que la causa fundamental de la señalada mediatización lingüística de los puertorriqueños, repetimos, particularmente en el aspecto oral, es el hecho de que, tanto en la escuela pública como en la privada, todos los escolares vienen en contacto con un idioma que no es el materno desde el momento mismo en que inician sus estudios primarios.

Comencemos el análisis del problema formulándonos dos preguntas. Primera: ¿En cuáles otros países existe un sistema educativo en el cual se enseñe obligatoriamente un idioma extranjero desde el primer año de escuela elemental? Contestación: En ninguno. Segunda: ¿Es Puerto Rico la excepción por razones pedagógicas y culturales o por razones políticas? Si somos la excepción por razones de superioridad pedagógica y cultural, entonces sería deber moral nuestro comunicarle la buena nueva al resto del mundo para que nos imite; si, por el contrario, somos la excepción por razones de inferioridad pedagógica o política, entonces sería nuestro deber moral y patriótico completar la reforma iniciada en 1949 para situar todo nuestro sistema escolar en concordancia con las normas educativas que rigen y han regido siempre en los demás países.

Ante la segunda pregunta, si Puerto Rico es la excepción por razones pedagógicas o culturales, o si realmente se trata de una derivación de un régimen de inferioridad política, escuchemos a los que deben tener la palabra final en esta materia; prestemos atención a los pedagogos.

Dice Nicholas Murray Butler, ilustre presidente que fuere de la Universidad de Columbia, Nueva York, y una de las más notables autoridades en la ciencia educativa: "Si un niño de tierna edad tiene la desgracia enorme de que *se le facilite un poco* (observemos que el doctor Butler dice "que se le facilite un poco", no que se le obligue, tal cual es el caso en Puerto Rico) el conocimiento de una lengua extranjera, a expensas, como es de rigor, de un mayor y mejor conocimiento de su lengua materna, y el chorro espontáneo y generoso de su nativa energía mental se encuentra devuelto hacia adentro, en lugar de seguir brotando naturalmente hacia afuera, el resultado probabilísimo es un caos intelectual, originador de daños incalculables que impedirá que en la vida mental del niño ocurran un millón de cosas buenas" (énfasis nuestro).[2]

"El estudio de una segunda lengua —dice el profesor Carlos Balby, de la Suiza francesa—, es estéril mientras no se haya removido en todas las direcciones la lengua materna, como a un terreno nuevo; si, por el contrario, el alemán, el inglés, el latín o el griego, llegan a su hora, es decir, no llegan temprano, encontrarán el terreno admirablemente preparado y, por las muchas diferencias que los distinguen del idioma materno, invitan, incitan, e impulsan a un mejor conocimiento de éste".[3]

---

[2] Epifanio Fernández Vanga, *El Idioma de Puerto Rico y el idioma escolar de Puerto Rico*, Editorial Cantero Fernández y Co., Inc. San Juan, Puerto Rico, 1931, pág. 78.

[3] *Op. cit.*, pág. 97.

El profesor Stanley Hall, de la Universidad de Clark, Estados Unidos, autoridad tan relevante como el doctor Butler, expresa lo siguiente: "Dejadme decir de paso, una vez más, que *los niños deben vivir y desarrollarse solamente en la atmósfera de su lengua materna*, y en ella solamente pensar, si es que pretendemos influirle solidez y profundidad en su espíritu, y unidad y firmeza en su carácter" (énfasis nuestro).[4]

Señores, la inteligencia, cuando se esgrime en defensa de la verdad, siempre se proyecta luminosa y rectilínea a través de los siglos. Hace dos mil años decía Plutarco: "Las personas que se asocien con el niño deberán hablarle en lengua griega, porque, si se le acostumbra a la conversación con gente de lengua bárbara, adquirirá, del trato con ellos, manchas que nunca más se borrarán de su espíritu".[5]

Hasta aquí las conclusiones que sobre el tema representan el pensamiento de las autoridades. No escapan a nuestro conocimiento recientes estudios realizados en los Estados Unidos y en el Canadá que parecen confligir con la tesis sostenida por Butler, Balby, Hall, y tantos otros pedagogos, tesis que sigue teniendo aceptación y aplicación universal. Evidentemente las referidas investigaciones lingüísticas sólo tienen vigencia en lo referente a grupos o minorías nacionales, pero no al sistema educativo general de toda una nación.[6]

Procede entonces que contestemos la segunda pregunta que antes nos formuláramos: ¿Al exigir desde el primer grado la enseñanza de un idioma que no es el vernáculo de los estudiantes, es Puerto Rico la excepción por razones pedagógicas o culturales, o lo es por imperativo político? Me parece que tanto

---

[4] *Op. cit.*, pág. 98.

[5] *Ibíd*.

[6] Me refiero a los estudios e investigaciones realizadas por Roberto Ladó, Wallace Lambert, y Theodore Anderson, sobre el aprendizaje simultáneo del vernáculo y una lengua extranjera, tanto en Canadá como en los Estados Unidos. Véase, al efecto, la *Revista Internacional de Educación*, Primavera de 1962, págs. 11 a la 33.

Butler, Balby, como Hall, han respondido claramente que las razones no son de carácter pedagógico; se trata pura y llanamente de una anormalidad originada por un hecho político.

Está, pues, en orden que nos planteemos una tercera pregunta: ¿Si por razones educativas y culturales —y para beneficio tanto del aprendizaje de su idioma materno como de cualquier otra lengua— no debemos poner en contacto a los escolares a muy temprana edad con ningún otro idioma que no sea el suyo, cuándo, a qué edad, deberá iniciarse a los puertorriqueños en el aprendizaje del inglés?

El doctor Pedro A. Cebollero, decano por muchos años de la Facultad de Pedagogía de la Universidad de Puerto Rico, propuso, en 1945, que la enseñanza de dicho idioma comenzara en el cuarto grado de primaria.[7] Ya desde 1926 el ilustre escritor, licenciado Epifanio Fernández Vanga, quien luego formase parte del Consejo de Educación Superior, nos decía: "Para aprender inglés debemos conocer antes suficientemente nuestro idioma. ¿Cuándo es que, como promedio, nuestras generaciones tienen las nociones bastantes o el conocimiento suficiente de nuestro idioma nativo para emprender el estudio de una lengua extranjera? Decididamente, y hablando en términos pedagógicos —concluía Fernández Vanga— después que han terminado toda la instrucción elemental".[8]

Y el doctor Ángel Quintero Alfaro, ex-Secretario de Instrucción Pública de Puerto Rico, ha manifestado recientemente que "el inglés obligatorio en los primeros años es contraproducente". [9]

Como hemos visto, el único punto con respecto al cual difieren los entendidos en el tema es en cuanto al de la edad en que debe el estudiante iniciarse en el estudio de una lengua extranjera sin que se le dificulte su aprendizaje ni sufra daño su idioma

---

[7] Pedro A. Cebollero, *La política lingüístico-escolar de Puerto Rico*, San Juan, Puerto Rico, pág. 130.

[8] Epifanio Fernández Vanga, *op. cit.*, págs. 102-103.

[9] Diario *El Nuevo Día*, San Juan, Puerto Rico, 4 de enero de 1975, pág. S-8.

materno. Pero no hay la menor discrepancia en que el estudio no debe comenzar durante los primeros años de la vida escolar.

Hasta aquí los expertos en la materia. Podríamos continuar agregando testimonios de los más capacitados de ellos en todo el mundo, corroborativos de las mismas conclusiones que hemos citado. Nos parece, sin embargo, que ha quedado claramente demostrado que, en este campo, como en tantos otros, nuestro país es la excepción a la regla.

Preguntamos: "¿Cómo es posible que en la avanzada etapa en que se encuentra, en el mundo entero, el proceso de descolonización, todavía se insista en que Puerto Rico continúe siendo la excepción a la regla?

No hay razón de orden alguno que justifique el que prolonguemos, en el ámbito educativo, lo que a todas luces es gravemente lesivo para nuestro pueblo, lo que obviamente es el resultado de una intolerable imposición contraria a las normas de enseñanza mundialmente reconocidas. Hasta que no resolvamos este problema, la generalidad de los puertorriqueños continuará exhibiendo su evidente vacilación expresiva.

El día en que los idiomas extranjeros se enseñen en Puerto Rico siguiendo las normas pedagógicas fundamentales que en esta materia se aplican en los demás países del mundo, de seguro que empezaremos a observar en nuestros compatriotas un mejor dominio no sólo de su idioma nacional, sino también del inglés, o de cualquier otro idioma extranjero.

No quiero afirmar con esto que la aplicación de dichas normas, a manera de fórmula mágica, resolvería todos los problemas de nuestro sistema pedagógico. Por supuesto que no. Pero si logramos alcanzar la meta propuesta habríamos eliminado un obstáculo cuya presencia impide realizar el mejoramiento de la educación puertorriqueña.

Y no se nos diga que esta proposición es objetable porque haya millares de puertorriqueños que antes de finalizar su educación primaria emigran hacia Estados Unidos en busca de trabajo. Aparte de que el sistema educativo de una nación no puede estar supeditado, en sus objetivos fundamentales, a los problemas de ningún sector en particular, lo cierto es que las necesidades de los emigrantes podrían satisfacerse mediante la enseñanza de cursos intensivos de inglés, preparados para atender a sus especiales urgencias. Con seguridad que en esta forma estarían en mejor situación para emigrar a los Estados Unidos, en cuanto al conocimiento del idioma inglés se refiere, que si hubiesen de valerse de los cursos regulares que de dicha lengua se imparten anualmente en los primeros grados de las escuelas públicas de Puerto Rico.

Al dar comienzo estas palabras expresé el orgullo que debemos sentir todos los puertorriqueños por el triunfo obtenido en 1949 al implantarse en la escuela pública la enseñanza en nuestro idioma. Pero, como dije antes, el hecho de que reconozcamos lo mucho que representó y representa aquel triunfo, no nos debe hacer olvidar que, en esta materia, sólo estamos a mitad del camino. Y mucho menos afirmar, como hacen algunos, que el problema está resuelto.

El sistema educativo de Puerto Rico debe colocarse a la altura del desarrollo ascendente que ha tenido, y tiene, el país en su ruta hacia la total afirmación de su personalidad como pueblo hispanoamericano. Y la verdad es que no lo situaremos a esa altura hasta que nuestra escuela sea plenamente puertorriqueña. Lo cual no podrá lograrse mientras, entre otras cosas, no hagamos posible, para nuestros compatriotas, el mejor dominio posible de su propio idioma.

El Mundo, 25 de enero de 1975.
El Mundo, 1 y 8 de febrero de 1975.

DISCURSOS

EN OCASIÓN DEL PRIMER CONGRESO HISPANOAMERICANO DE LEXICOGRAFÍA

Discurso pronunciado en el acto celebrado en el Ateneo Puertorriqueño el 3 de diciembre de 1969.

Hace algunas semanas se reunieron en San Juan, ante la estatua de Cristóbal Colón, los representantes de los organismos culturales y oficiales del país, para conmemorar la gesta del 12 de octubre; luego, hace sólo unos días, para celebrar el aniversario del Descubrimiento de Puerto Rico. Esta noche, 476 años después del primer 19 de noviembre, se congregan en nuestra más antigua institución cultural, el Ateneo, los delegados al Primer Congreso Hispanoamericano de Lexicografía que se celebra en San Juan. Aquí, en el estrado presidencial, y en las primeras filas de la platea, nos honran con su presencia los representantes de las Academias de la Lengua de la Madre Patria, de veinte países hermanos, y los de nuestro propio país. ¡A todos ustedes, ilustres visitantes, va nuestro cálido y afectuoso saludo de bienvenida a ésta, la casa por excelencia de la cultura puertorriqueña!

Este Congreso de Lexicografía reviste singular importancia. Bastará conocer sus propósitos para darse cabal cuenta de ello.

Integran su temario el estudio de las normas para la aceptación de voces y acepciones autóctonas de palabras castellanas
por las Academias Hispanoamericanas y ordenación del material recogido por las Academias y sus comisiones lexicográficas;
la organización de un Instituto Lexicográfico Hispanoamericano para el estudio de los americanismos y la elaboración de
un Diccionario de los mismos; la aportación de las lenguas indígenas americanas al idioma español, y los problemas del vocabulario científico y técnico.

Ingente es la labor propuesta en este temario cuyo estudio y
discusión han emprendido ya las diversas comisiones designa-
das por el Congreso. Pero si grande es la trascendencia que
habrá de tener para el mundo de habla española esta histórica
jornada cultural, mayor es la significación que tiene ya para la
nación puertorriqueña.

Hace 71 años que el destino histórico nos arrancó abrupta-
mente del resto del mundo hispánico, situándonos en una ór-
bita cultural extraña y ajena a nuestra personalidad de pueblo.
Durante todos esos años —casi tres cuartos de siglo— Puerto
Rico ha vivido en un estado de directa subordinación a los valores políticos, culturales y morales de otro país y sometido a
un intenso y sistemático proceso de transculturación en todos
los órdenes de su vida.

El proceso de desplazamiento de nuestro idioma y cultura
ha sido certeramente descrito por el distinguido filólogo español y buen amigo de Puerto Rico don Germán de Granda
Gutiérrez, en su obra *Transculturación e interferencia lingüística en el Puerto Rico contemporáneo (1898-1968)*. Dicho proceso, que hasta el año 1940 tuvo, ostensiblemente, el patrocinio
oficial, se ha extendido e intensificado desde entonces mediante la acción de múltiples organismos e instituciones hasta llegar a constituir una verdadera penetración masiva de las fuerzas socio-económicas norteamericanas. Por eso, el que, 71 años
después de aquel aciago acontecimiento, nos hayamos podido
reunir en San Juan para tratar sobre el tema de la lengua española —el más fuerte de los muchos vínculos que nos unen— es

algo que puede calificarse de milagro. Sí señores: el milagro producido por el amor, la lealtad y la devoción de Puerto Rico al idioma que le legó España.

Este pueblo ha librado y libra, en este momento, una recia lucha por conservar su lengua, que es como decir por conservar su vida. Lucha incesante, aislada, y, las más de las veces, silenciosa e inadvertida, que ha tenido y tiene por ámbito la escuela, la oficina, la industria y el ejercicio de las profesiones, y que, prácticamente, abarca toda la actividad social. Así, día tras día, mes tras mes, año tras año, nuestros padres, al igual que nuestros abuelos, hubieron de oponer un NO a las numerosas e insistentes tentativas de suplantación de nuestro idioma, de la misma manera que nosotros hemos respondido y mil veces responderemos con un rotundo NO cuantas veces se repita la tentativa. No se trata, pues, de que los puertorriqueños hayamos conservado nuestro idioma español debido a que su pérdida es "antropológicamente imposible" como alguien ha dicho hace pocos días. La verdad es que hemos conservado el idioma porque así lo hemos deseado y querido, y porque para lograrlo hemos luchado con valor y tesón. Como tan acertadamente ha afirmado el gran filólogo Tomás Navarro Tomás: "Es error poner confianza en que la lengua, por su propia virtud, salvará obstáculos y dificultades, para cumplir, como suele decirse, el destino que le esté reservado. La lengua no tiene otro destino que aquel a donde le conducen las gentes que de ella se sirven". Y como con igual justeza ha dicho el ilustre Director de la Real Academia Española de la Lengua, don Dámaso Alonso: "En Puerto Rico es donde ha estado en más peligro que en parte alguna (salvo en Filipinas) nuestra lengua. La decisión de los puertorriqueños, su entusiasmo y su constancia han sabido salvar el idioma de sus padres".

Hago ahora una pausa en este acto memorable para recordar a los compatriotas que ofrendaron lo mejor de su corazón y de su inteligencia en la defensa de nuestro idioma, y, particularmente, al más grande adalid puertorriqueño de la lengua castellana, al excelso poeta, tribuno incomparable, honra de este Ateneo, del que fue digno presidente: el Caballero de la Raza, el inmortal José de Diego.

Detengámonos también, por un momento, para recordar los nombres de aquellos ilustres exponentes del idioma y de la cultura hispánica que, durante las cuatro primeras décadas del siglo, nos visitaron o convivieron con nosotros, y cuya presencia y actividad en el país constituyeron un gran estímulo en medio de nuestro angustioso aislamiento. Vienen a mi memoria los nombres de José Santos Chocano, Francisco Villaespesa, Eduardo Marquina, Tomás Navarro Tomás, Gregorio Martínez Sierra, Concha Espina, Samuel Gili Gaya, Manuel García Blanco, José Vasconcelos, Américo Castro, Fernando de los Ríos, Federico de Onís, Ángel Valbuena Pratts, Rufino Blanco Fombona, Alejandro Casona, Max Henríquez Ureña y Gabriela Mistral, a quienes las letras y la lengua de Puerto Rico deberán siempre reconocimiento y gratitud.

La firme determinación puertorriqueña de conservar el idioma nacional no ha podido impedir, sin embargo, los deplorables efectos del proceso de transculturación. Como muy bien afirma el Secretario Perpetuo de la Real Academia Española de la Lengua, don Rafael Lapesa, "El mero hecho de que al español se le llame en Puerto Rico 'el vernáculo' o 'la lengua vernácula' habla ya de las condiciones de inferioridad a que está sometido allí frente al inglés". Y, para agravar nuestra situación, han advenido recientemente, a posiciones de influencia y poder, puertorriqueños que, consciente o inconscientemente, menosprecian nuestro idioma y nuestros valores culturales, y rinden pleitesía al idioma y a la cultura que identifican con la riqueza y el poder material. Estas personas afirman, entre otras cosas, que la ciencia y la tecnología no deben enseñarse en español en nuestras escuelas y plantas industriales, y que el comercio y la actividad económica deben conducirse en inglés. Los que así se expresan son los asimilistas, víctimas del proceso de aculturación iniciado en 1898, y desarraigados ya del mundo cultural hispano-puertorriqueño; son los que propugnan el llamado bilingüismo, que en nuestro caso resulta ser verdadera antesala de la asimilación cultural; (señores, hay que decirlo con entera franqueza, el único bilingüismo que existe en Puerto Rico es la lucha entre el inglés que quiere imponerse y el español que quiere salvarse); son los mismos que nos han asignado el desairado papel de puente entre dos culturas; los que no se preocupan porque Puerto Rico pueda tener el trágico destino de Nuevo México; los que han llegado a afirmar que Estados Unidos es nuestra nación; son, en fin, nuestros afrancesados. Pero al igual que ocurrió con aquéllos, quedarán orillados en la marcha de la historia cuando llegue —como habrá de llegar en breve término— la hora de la justicia para este pueblo y, con ella, el fin de la incertidumbre para el futuro del idioma español en Puerto Rico.

Ante esas actitudes antipuertorriqueñas —que increíblemente comparten también personas que por su filiación nacional y por su posición rectora debieran hacerse solidarias con la causa de la hispanidad en Puerto Rico— ante esas actitudes respondemos con las palabras del propio Tribunal Supremo de Puerto Rico expresadas en su histórica sentencia del 30 de junio de 1965: "Es un hecho no sujeto a rectificaciones históricas que el vehículo de expresión, el idioma del pueblo puertorriqueño —parte integral de nuestro origen y nuestra cultura hispánica— ha sido y sigue siendo el idioma español. En lo que llevamos del siglo XX el reclamo continuo ejercido por esta raíz o realidad de nuestra formación cultural y étnica ha hecho prevalecer el español, sin merma ostensible, en las manifestaciones más íntimas y representativas de nuestra vida diaria, el hogar, la escuela, la religión, los negocios, la literatura, la política, las relaciones obreras y las actividades generales de gobierno". Hasta aquí las palabras de nuestro Tribunal Supremo.

No se trata, por tanto, de que los puertorriqueños —como eufemísticamente dicen los asimilistas— "conservaremos" o "no olvidaremos" el idioma español, tal cual si se tratara de conservar algo inerte o estático en un museo histórico o de recordar sentimentalmente algo que perteneció al mundo de nuestros mayores. Frente a los que intentan el desplazamiento de nuestro idioma y cultura, y a los que aspiran a establecer en el país una llamada "fusión de dos culturas", frente a esas dos actitudes afirmamos nosotros: ni lo uno ni lo otro; el idioma español es nuestro idioma y a él no renunciaremos jamás, ni en todo ni en parte, porque es tan idioma nacional en Puerto Rico como lo es en España, México, Argentina, o en cualquier otro país hispanoamericano. Lo cual no excluye, en forma alguna, el aprendizaje de otro u otros idiomas que nos pongan en contacto directo con otros mundos culturales; aprendizaje conveniente no sólo a Puerto Rico sino a cualquier país del mundo, inclusive los Estados Unidos.

Señores académicos, recordad que Puerto Rico es frontera del idioma español en América. Dios deparó a esta tierra el alto privilegio de haber sido de las primeras en el nuevo mundo en escuchar el noble y sonoro idioma de Castilla; Dios también nos ha dado el no menos alto privilegio de conservarlo y defenderlo con nuestros afanes, nuestras luchas, nuestros sacrificios. Es por lo tanto nuestro, no sólo por herencia, sino por conquista. Mirad en el ejemplo de Puerto Rico —y lo decimos sin vanagloria— lo que pudo o podría ser angustia, dolor y lucha en las naciones que representáis. Recordad las palabras que constituyen el lema de la Academia Puertorriqueña de la Lengua: RAIZ, SAVIA, HONOR. Que este Primer Congreso Hispanoamericano de Lexicografía tenga, como resultados, el robustecer aún más nuestras comunes raíces histórico-culturales, el renovar la savia del idioma, que es como decir remozar la vida misma de nuestra cultura y mantener en alto su honra, su lustre y su decoro.

El Mundo, 6 de diciembre de 1969.
Diario Ya (Madrid), 6 de diciembre de 1969.
Isla Literaria, números 4–5, de diciembre de 1969–enero 1970.
Memorias del Primer Congreso Hispanoamericano de Lexicografía, 26 nov.–5 dic. de 1969, en San Juan de Puerto Rico, publicado por la Academia Puertorriqueña de la Lengua.

INDUSTRIALIZACIÓN Y CULTURA

Discurso pronunciado en la Convención Anual de la Asociación de Industriales de Puerto Rico, celebrada el 1ro de octubre de 1976 en el Hotel Cerromar, en Dorado, Puerto Rico, el 1 de enero de 1976.

Para explicar lo que es la cultura puertorriqueña hay que partir de la idea universal de la cultura. En la mentalidad popular este concepto se ha venido identificando con las letras y las artes o con la urbanidad y el refinamiento de las costumbres. Es evidente que abarca mucho más: la filosofía, la teología y todo lo que el hombre ha realizado en orden a explicarse el universo en que vive. Abarca también todas las demás cosas ideadas para dominar la naturaleza y hacer la vida humana más feliz y placentera: el derecho, la medicina, la técnica, el comercio, la industria, entre tantas otras creaciones de la inteligencia humana.

Las manifestaciones culturales del más alto nivel intelectual, como la filosofía, la ciencia, la literatura, y no pocas de las bellas artes, constituyeron, hasta hace poco más de cincuenta años, patrimonio especial del limitado grupo de personas que constituían los cuadros directivos de la sociedad y del estado. El poder económico y político, y el poder intelectual, coincidían en la misma elite.

71

En el curso de los últimos cincuenta años, no obstante, esa situación ha sido alterada por tres grandes revoluciones: la extensión del sufragio a todos los ciudadanos, la instrucción obligatoria universal, y los espectaculares avances y realizaciones de la ciencia y la tecnología. Estos desarrollos han traído como consecuencia el estado democrático moderno, armado de poderes políticos y técnicos inmensos, desconocidos por los estados del pasado. El ensanchamiento de la educación popular no ha logrado, sin embargo, salvar el desnivel cultural existente entre los estamentos directivos de la sociedad y la gran masa de los ciudadanos.

A esta inconveniente, por no decir peligrosa, división entre la multitud, por un lado, y los intelectuales, por el otro, se ha añadido, además, el distanciamiento entre éstos y los políticos y tecnócratas. Por tecnócratas entiendo aquellas personas altamente especializadas en algunas de las ramas de la ciencia aplicada, pero casi totalmente desligadas de los afanes intelectuales, éticos y estéticos que caracterizan el nivel humanista de la cultura.

Nos enfrentamos, pues, a un grave problema. Nada más perjudicial para la sociedad que esta separación entre la esfera práctica y la esfera especulativa de la cultura. Debe causarnos honda preocupación el hecho de que un dirigente político o un productor de televisores, por ejemplo, considere a Cervantes o a Bach como algo extraño a su mundo mental y afectivo, o de que un amante de la literatura o de la música clásica mire con indiferencia, cuando no con menosprecio, la actividad política o los procesos técnicos que han hecho realidad ese formidable invento que es la televisión. Resulta sumamente peligroso para la vida social esa disociación entre el mundo político y económico y los altos valores de la cultura.

No se trata, por supuesto, de exigir que el poder político y económico esté en manos de los intelectuales, sino de evitar que los altos valores del espíritu dejen de orientar las decisiones que surgen del ejercicio de esos poderes. Ni tampoco exigir que los políticos, financistas e industriales sean hombres de letras. De lo que se trata es de tener conciencia de que todos los valores humanos, desde el más encumbrado pensamiento de un Toynbee o un Ortega y Gasset hasta la más utilitaria pieza de metal producida por el más humilde de los hojalateros, cada uno en su rango, se ayudan y complementan para formar una sociedad más perfecta y feliz.

Hechas estas observaciones preliminares, abordamos ahora el tema particular de esta breve disertación: el de la cultura puertorriqueña. Dentro de la inmensa variedad de culturas que hay en el mundo, Puerto Rico está adscrito a una de ellas, la comúnmente llamada cultura occidental; dentro de la cultura occidental, Puerto Rico constituye una cultura nacional con caracteres bien definidos.

Toda cultura nacional es el resultado de múltiples factores, y entre ellos los preponderantes son la historia y la geografía. Puerto Rico pertenece al Nuevo Mundo y, dentro de él, al mundo tropical y antillano. Puerto Rico es, además, una isla y una isla montañosa. Esto en lo tocante a la geografía.

En cuanto al acontecer histórico se refiere, tenemos una pre-historia taína. Los indios aborígenes dejaron marcada su huella en nuestro vocabulario, en nuestras artes populares, en nuestra sangre.

Puerto Rico tiene, además, una historia española que luego se convirtió en una historia propiamente puertorriqueña. La aportación española es definitiva: nos abrió las puertas de la historia, fijó nuestro carácter, y moldeó nuestra cultura.

Con España nos vino la religión cristiana, la lengua castellana, el derecho y el sentido jurídico, las letras, las ciencias, las artes, las tradiciones, el sentido de la vida. Bajo España se introdujo la esclavitud negra, y la aportación africana a nuestra raza, a nuestra sicología y a nuestro folklore es de suma importancia.

En el siglo XIX —que es el siglo de nuestra formación como pueblo— todos estos elementos, inextricablemente fundidos, crearon la cultura puertorriqueña y forjaron el alma de nuestro pueblo. De un pueblo que, a pesar de presentar grandes analogías con Santo Domingo, Venezuela y Cuba, para no citar sino a los países más próximos, es distinto de éstos y marcadamente más distinto del pueblo cuyas primeras avanzadas llegaron a Puerto Rico el 25 de julio de 1898 como resultado de la Guerra Hispanoamericana.

¿Qué éramos en 1898? Voy a repetir aquí lo que expresé en julio de 1965 en las vistas que celebrara en San Juan la Comisión de Estados Unidos y Puerto Rico para el estudio de nuestro status político: "Éramos alrededor de un millón de personas, ocupábamos un territorio claramente definido, hablábamos uno de los grandes idiomas universales. Constituíamos una sociedad cuatro veces centenaria, con características propias; nos habíamos manifestado en los diferentes campos de la cultura; habíamos luchado por la obtención de nuestros derechos civiles y políticos, y, con el logro de la Carta Autonómica en 1897, empezábamos a proyectar nuestras energías creadoras para completar el perfil de nuestra personalidad nacional. Y fue en ese momento que surgieron en el horizonte los buques de guerra de una nación casi totalmente desconocida para nuestro pueblo, que reclamaba, en su ímpetu avasallante, el dominio de nuestro territorio y la dirección de nuestro espíritu".

Hagamos una pausa para reflexionar sobre la naturaleza del dominio que Estados Unidos reclamaba en relación con Puerto Rico. Pretendía no sólo el dominio de nuestro territorio y de nuestra economía; reclamaba también el dominio de nuestro espíritu.

Inglaterra, en su larga historia colonial, nunca pretendió transformar en ingleses a los pueblos de su Imperio que ni cultural ni étnicamente que lo eran. Nación de vasta experiencia política, no desconocía que lo que más resiente un pueblo (más que la pérdida de sus bienes materiales) es que se le trate de imponer una transmutación de su ser, de su personalidad, de su identidad.

Pero Estados Unidos, pueblo joven, con el ímpetu irrefrenable de la temprana juventud, y falto de experiencia en el trato con otras naciones, intentó hacer con Puerto Rico lo imposible: la transmutación de nuestra personalidad.

No dispongo en esta ocasión del tiempo necesario para hacer la historia del proceso de transculturación iniciado en Puerto Rico en 1898. Una de sus primeras manifestaciones la constituyeron el cambio oficial del nombre de Puerto Rico a Porto Rico y la eliminación del escudo que, en 1511, nos había otorgado Fernando el Católico. Pero el proceso de transculturación tuvo como principal instrumento la escuela pública, en donde el idioma español quedó relegado a la categoría de una simple asignatura. Todos sabemos que ante la firme resistencia cultural de nuestro pueblo, el proyecto de transformarlo espiritualmente terminó en un verdadero fracaso.

Puerto Rico, pues, pasó victoriosamente por el más difícil de sus momentos históricos: el momento en que, abrumado por una gravísima estrechez económica, sin poder político alguno frente a Estados Unidos, puso a prueba el vigor de su raíz cultural, la fuerza de su espíritu. Y por ello, porque supo salir victorioso de tan enormes presiones, Puerto Rico tiene actualmente una mayor conciencia de su identidad como nación que la que tenía al comenzar el presente siglo.

He dicho identidad como nación. Y me parece haberlo expresado con toda propiedad. Puerto Rico evidentemente es una nación, o sea, una sociedad natural de hombres a los que la unidad de territorio, de origen e historia, de cultura, costumbres e idioma, ha inclinado a la comunidad de vida y le ha creado la conciencia de un destino común. Es cierto que jurídicamente no tiene personalidad internacional y que sólo disfruta de limitados poderes en el orden de la soberanía interna. Pero a pesar de ello, la identidad nacional de Puerto Rico resulta tan palpable para cualquier observador, como podría serlo la identidad nacional de la República Dominicana o la de Costa Rica. No es como creen algunos, equivocadamente, un pueblo con apegos, lealtades y sentimientos meramente regionales, como los de la comunidad que componen los habitantes del estado de Texas o el de Georgia. Además de una nación, y por razones históricas, geográficas y culturales, Puerto Rico es, también, parte integrante de la comunidad de pueblos hispanoamericanos. Como tan acertadamente expresara el Honorable Gobernador de Puerto Rico, don Rafael Hernández Colón, el 19 de noviembre de 1973, en el acto de develación de la estatua de Simón Bolívar en San Juan: "Ya hemos dicho en repetidas ocasiones que Puerto Rico es una nación latinoamericana, que Puerto Rico se afirma en sus raíces, que quiere seguir siendo, cada vez en una forma mejor, lo que siempre ha sido y lo que nunca dejará de ser".

A pesar de haber quedado atrás la época en que, políticamente, se trató de transformar la personalidad puertorriqueña, hay diversos factores que afectan marcadamente esa identidad en el presente. Uno de ellos es la actividad industrial.

Como cuestión de hecho, esta actividad no constituyó problema alguno durante los primeros cuarenta o cincuenta años de la presencia de Estados Unidos en Puerto Rico. El régimen azucarero tuvo marcados efectos económicos y sociales en nuestro pueblo, pero nunca representó una amenaza para el idioma y la cultura puertorriqueña. No podemos decir lo mismo, sin embargo, del programa de industrialización iniciado en el país después de la Segunda Guerra Mundial. Este plan, determinado casi exclusivamente por la presencia de capital y técnica procedente de los Estados Unidos, ha sido la causa de lo que nos parece propio denominar el segundo proceso de transculturación de nuestro pueblo en lo que va de siglo.

El primero —como anteriormente vimos— fue el intento oficial de asimilación, realizado principalmente a través del sistema escolar público. Este segundo proceso no obedece, como el primero —hay que decirlo—, a ningún plan preconcebido para alterar y eventualmente desplazar nuestros patrones culturales. Se trata solamente de las consecuencias culturales de un intenso programa de industrialización, promovido por el gobierno de Puerto Rico, en el que intervienen principalmente intereses económicos de los Estados Unidos radicados en el país.

Muchas de estas fuerzas económicas —con más marcado acento al principio de este proceso de industrialización que en el presente— han venido conduciendo sus operaciones en Puerto Rico con casi los mismos criterios funcionales que emplean, para los mismos propósitos, en el estado de Massachusetts o en el de North Dakota. No porque tengan a menos nuestro idioma y cultura. Emplean casi idénticos criterios operacionales porque, por las razones que fueren, se trasladan de Estados Unidos a Puerto Rico bajo la errónea presuposición de que, a todos los efectos, desplazarse de aquella nación a nuestro suelo es igual o casi igual que trasladarse de Chicago a San Francisco o de Tampa a Los Ángeles, hecha excepción, por supuesto, de las variantes establecidas por el clima y por un régimen económico diferente.

Es del todo importante señalar aquí que este problema cultural atañe no solamente a la mayor parte de las empresas industriales norteamericanas presentes en nuestro territorio. Atañe también a gran parte de los propios industriales puertorriqueños, quienes, por insensibilidad ante el fenómeno o por considerarlo inevitable, adoptan para sus empresas los mismos patrones culturales que les son naturales a dichas operaciones en los Estados Unidos.

Se trata principalmente —como dije antes— de un problema de falta de sensibilidad, que, no dudamos, está determinado en gran parte por el carácter eminentemente abstracto y racional de la industria y de la actividad económica en general, y a la que, por otra parte, ha contribuido bastante la falta de iniciativa, por parte de las agencias del Gobierno de Puerto Rico, en suministrar a los industriales orientación adecuada sobre la cultura nacional de Puerto Rico.

La cultura, como dije al comenzar estas palabras, incluye no sólo las letras y las artes. Incluye también las ciencias naturales y las ciencias aplicadas. No debe constituir la aspiración de ningún hombre, y mucho menos de todo un pueblo, el conocer las humanidades en su idioma nativo y, las ciencias y la técnica, solamente en un idioma que no es el suyo, o, lo que es peor, en un *patois* formado por la anárquica mezcla de dos lenguas distintas, que, en nuestro caso, sería la trágica jeringonza que es el Spanglish.

No se trata, por supuesto, de oponerse a que los puertorriqueños conozcan en el idioma inglés la terminología científica y técnica propia de los modernos procesos industriales. Se trata de que, además de conocerla, y de conocerla bien en el idioma inglés, se enfrenten al reto que para ellos, como puertorriqueños, representa el de también conocerla —y conocerla bien— en su idioma, en el idioma español, en el idioma de Puerto Rico.

No estamos ajenos a la realidad de que el problema de la invasión del idioma español por palabras y términos extranjeros en el campo de la ciencia y la tecnología no es exclusivo de Puerto Rico. Reconocido es el hecho de que la producción científica y tecnológica de las naciones anglosajonas y eslavas —mucho más avanzada que la de los países de lengua española— genera neologismos que España e Hispanoamérica se ven en la imperiosa necesidad de adoptar e incorporar a su idioma. Este problema no es reciente. Hace nada menos que sesentiséis años —en 1910— se comenzaron en Buenos Aires los trabajos para crear los organismos especializados que pudiesen encontrar métodos adecuados para enfrentarse al problema del ingreso al idioma español de vocablos extranjeros de carácter científico, sin afectar la morfología, la prestancia y la fonética de nuestro idioma. Existe, pues, con respecto a este asunto un problema que es común a todo el mundo de habla española. Pero tenemos que destacar la circunstancia de que en el caso de Puerto Rico —debido a las especiales condiciones políticas en que vivimos— la seriedad del mismo se agudiza. Hasta el punto de que no han faltado quienes hayan sugerido que ante la supuestamente inevitable realidad, los puertorriqueños, desdoblando su personalidad, deben disponerse a aceptar, casi como un ideal, el estudio y empleo del español para las letras y las artes, y del inglés para las ciencias exactas y la tecnología.

Tal proposición podría ser aceptable para un pueblo que tuviese como lengua un mero dialecto, o para una nación de escasa población y cuyo idioma no se hablara en ninguna otra parte del mundo, pero no para un pueblo como el nuestro, poseedor de uno de los grandes idiomas universales —hablado hoy por 250 millones de personas en ambos hemisferios— que tiene a orgullo su rica herencia cultural española y que cada día cobra más conciencia del enorme avance que realizan España e Hispanoamérica en todos los campos del saber y la cultura, especialmente en el de la ciencia y la tecnología.

A ustedes, pues, industriales de Puerto Rico, me dirijo, así como al señor Director de la Compañía de Fomento Industrial y al señor Secretario de Instrucción Pública, para que conjuntamente con la Asociación de Industriales de Puerto Rico, y en beneficio de la personalidad cultural puertorriqueña, asuman, en el más importante campo de actividad económica del país, el de la manufactura, la defensa de nuestro idioma y de nuestro patrimonio cultural.

Viene al caso en este momento el recordar con orgullo algo que ocurrió a principios de siglo. Todos los libros de texto usados en las escuelas provenían entonces de los Estados Unidos y, por supuesto, resultaban totalmente exóticos para los niños puertorriqueños. ¿Cómo afrontar tan serio problema?, se preguntaron los educadores puertorriqueños. Muy pronto encontraron la única solución: escribir, producir libros de inspiración y texto puertorriqueños. Y personalidades del relieve de Manuel Fernández Juncos, José González Ginorio y Braulio Dueño Colón, entre otros, se enfrentaron a la situación con la única fuerza capaz de vencer las más grandes dificultades, con la fuerza del pensamiento, del sacrificio y del trabajo. Fernández Juncos y González Ginorio se dieron a la tarea de escribir los textos, en español y de acuerdo con criterios puertorriqueños;

Dueño Colón se asignó la tarea de componer la música para las canciones escolares. Esos tres ilustres puertorriqueños tendieron, así, el puente que hizo posible la transmisión y perpetuación del idioma español en nuestra escuela. Ellos nos dieron el ejemplo y establecieron la pauta que, en otros ámbitos de actividad, nosotros debemos seguir.

A la esforzada labor de ustedes, industriales del Puerto Rico de hoy —a su profundo sentido de civismo— deberá en gran medida Puerto Rico la conservación de su idioma en el ámbito de la ciencia y la tecnología, que significa nada menos que la conservación de su integridad cultural, de su alma nacional, de su unidad lingüística como Pueblo con personalidad propia.

El Mundo, 2 de octubre de 1976.

PALABRAS Y DECLARACIONES

OBJETA ESCUELAS CATÓLICAS ENSEÑEN EN EL IDIOMA INGLÉS

El licenciado Eladio Rodríguez Otero opina que representa "un grave problema" el sistema prevaleciente en colegios católicos, considerados como de la mejor calificación académica, según el cual la enseñanza se imparte en el idioma inglés desde el cuarto grado en adelante, incluyendo la enseñanza de religión e historia sagrada.

En declaraciones que remite a *El Mundo*, el licenciado Rodríguez Otero sostiene que "esta grave situación nunca ha debido existir, ya que hace veinte años que la escuela pública puertorriqueña resolvió el problema de la enseñanza en inglés de la única forma en que, de acuerdo con las más autorizadas y universales normas pedagógicas, puede ser resuelto: restableciendo la enseñanza en el vernáculo".

El texto de las declaraciones del licenciado Rodríguez Otero es el siguiente:

Hace muchos años que la inmensa mayoría de los padres que tenemos nuestros hijos matriculados en las escuelas católicas de Puerto Rico nos confrontamos con un grave problema. Por disposiciones de las autoridades educativas eclesiásticas, cuyo rigor se acentúa año tras año, en aquellos colegios católicos considerados como de la mejor cualificación académica, con notables excepciones, la enseñanza se imparte en el idioma inglés desde el cuarto grado en adelante, incluyendo la enseñanza de religión e historia sagrada.

Este sistema de enseñanza, implantado sin consultar a los padres —que en esta materia, como en otras, tenemos un clarísimo derecho natural a manifestar y a hacer valer nuestros legítimos deseos— necesariamente nos plantea un grave problema de conciencia.

El problema a que nos referimos es el siguiente: si, en vista de la situación descrita, retiramos a nuestros hijos de la escuela católica y les enviamos a la escuela pública, los privamos de recibir la enseñanza de la religión; y si, por el contrario, los enviamos a la escuela católica, sabemos que en ella no van a recibir en español siquiera la enseñanza del catecismo y la historia sagrada, con el consiguiente empobrecimiento y deterioro de su formación y de su cultura como puertorriqueños.

El asunto es más grave de lo que parece a primera vista, porque atañe a una matrícula escolar de millares de niños, los cuales, por razón de su nivel económico y social, constituirán en el futuro buena parte del liderato del país en las esferas culturales, profesionales, políticas y económicas. Grave situación, la cual nunca ha debido existir, ya que, hace veinte años, la escuela pública puertorriqueña resolvió el problema de la enseñanza en inglés de la única forma en que de acuerdo con las más autorizadas y universales normas pedagógicas puede ser resuelto: restableciendo la enseñanza en el vernáculo. Durante veinte años han tenido la oportunidad de resolverlo las autoridades educativas eclesiásticas en la misma forma en que lo hizo la escuela pública sin tener que esperar a que el planteamiento del asunto tuviese que llevarse ante la opinión pública del país.

Lejos de nuestra intención está el afectar la buena enseñanza del inglés en la escuela católica. Coincidimos, con la generalidad de los educadores y de los padres de familia de Puerto Rico, en que es necesario enseñar bien el inglés a los puertorriqueños, por razones obvias, y en que, la mejor forma de lograr este propósito, es enseñando el inglés como asignatura, utilizando preferiblemente profesores norteamericanos para ello. De esta manera nuestros niños no solamente aprenderán buen inglés, sino que adquirirán un cabal conocimiento de su propia lengua sin detrimento sicológico o cultural alguno.

Esperamos que las autoridades eclesiásticas examinen cuidadosamente la situación que planteamos, la cual, por su propia naturaleza y por el número de personas a quienes afecta, trasciende el plano puramente privado para crear un serio problema cultural al pueblo de Puerto Rico.

El Mundo, 16 de junio de 1962.

DICE LA ENSEÑANZA EN INGLÉS CREA PROBLEMA DE CONCIENCIA EN COLEGIOS CATÓLICOS

El licenciado Eladio Rodríguez Otero, al contestar las manifestaciones hechas por el Secretario del Arzobispo de San Juan, padre José M. Aguilar, reafirma que no existe colegio católico alguno, con la excepción del Colegio de las Madres, del Sagrado Corazón, en donde toda la enseñanza, desde el cuarto grado en adelante, no se imparta en inglés, relegando el español a mera condición de asignatura.

A la alegación del padre Aguilar en el sentido de que con esto no se plantea un problema de conciencia y sí un problema educativo, el abogado, industrial y líder católico, señor Eladio Rodríguez Otero, contesta diciendo que sí se les crea "un serio problema de conciencia a los padres de familia que deseamos que nuestros hijos reciban una sólida educación católica sin verlos afectados en su formación cultural como puertorriqueños".

El texto completo de sus declaraciones dice como sigue:

En declaraciones publicadas en *El Mundo* del 19 del corriente, el secretario del señor Arzobispo de San Juan, Padre José M. Aguilar, contesta mis recientes manifestaciones

86

sobre el problema que plantea el uso del idioma inglés como medio de enseñanza en las escuelas católicas de Puerto Rico.

Por vía de refutación a mis declaraciones, afirma el padre Aguilar que "es falso que en las escuelas católicas se enseñe en inglés por disposición intencional de las autoridades eclesiásticas". Me permito preguntarle al padre Aguilar si leyó cuidadosamente mis manifestaciones, pues en ellas ni siquiera se insinúa tal cosa. Lo que sí afirmé, y ahora reafirmo, es que no existe en Puerto Rico un solo colegio católico entre aquellos considerados como de mejor cualificación académica (con la notable excepción del Colegio de las Madres, del Sagrado Corazón), en donde toda la enseñanza, desde el cuarto grado en adelante, no se imparta en el idioma inglés, y en donde el español no esté relegado a la mera condición de asignatura.

Admite el padre Aguilar que incluso la doctrina cristiana se enseña en inglés en muchas escuelas católicas, manifestando enseguida, para nuestra sorpresa, que la enseñanza impartida en un idioma distinto del vernáculo "no plantea un problema de conciencia, pues lo que está a la vista es un problema educativo".

Es principio fundamental de la Iglesia Católica el reconocimiento de los derechos naturales del hombre y, entre ellos, se destaca el que tienen los niños a ser educados en su idioma materno. La negación de este derecho plantea no sólo un problema educativo, sino un serio problema de conciencia a los padres de familia que deseamos que nuestros hijos reciban una sólida educación católica sin verlos afectados en su formación cultural como puertorriqueños.

Niega categóricamente el padre Aguilar que el sistema de enseñar todas las asignaturas en inglés se haya establecido en nuestras escuelas católicas sin consultar a los padres de familia. Invitamos al padre Aguilar a que revele públicamente dónde, cuándo y cómo se verificó esta consulta. Estamos seguros de que, de haberse efectuado tal consulta, la inmensa mayoría de los padres se hubiese decidido por el sistema pedagógico que impera en las escuelas católicas de todos los países del mundo, con excepción de Puerto Rico.

El Mundo, 20 de junio de 1962.
El Imparcial, 21 de junio de 1962.

COMENTA DECLARACIONES DEL PADRE STUEVE

En sus declaraciones públicas en *El Día* del 28 del corriente, el Reverendo Padre Bernard Stueve, Superintendente de las Escuelas Católicas de la Arquidiócesis de San Juan, manifiesta que el sistema de enseñanza en inglés prevaleciente en gran parte de las escuelas católicas de Puerto Rico se debe no a una política intencional, sino a una situación de hecho: las religiosas profesoras en su mayoría no saben español, y, por ello, no pueden enseñar en este idioma. Las declaraciones del Padre Stueve tienen gran importancia: en ningún momento rebate los argumentos que en pro de la enseñanza en español expusimos en nuestra carta pública a los señores Obispos de Puerto Rico, recientemente publicada en la prensa. De acuerdo con sus manifestaciones se trata, pues, de una cuestión de hecho y no de una política intencional. Acepta así el portavoz oficial arquidiocesano de las escuelas católicas el principio de que la enseñanza debe ser en español, que es el idioma del país y de los niños que asisten a esas escuelas.

Me extraña que el Padre Stueve no se enfrente a la situación proponiendo un remedio posible: que las profesoras aprendan el idioma de los estudiantes. Me extraña, digo, porque al Padre Stueve debe constarle que, de acuerdo con las directrices de la Santa Sede, los sacerdotes, misioneros y maestros, en el mundo entero, enseñan en el idioma de los educandos, aún en aquellos casos en que dicho medio lingüístico no es tan siquiera un idioma de los considerados de importancia universal. Prueba de ello: la Congregación de Hermanos Maristas, fundada por el Beato Marcelino Champagnat,[1] cuenta en el mundo con 720 centros de enseñanza, ubicados en 250 diócesis y 52 naciones repartidas por todo el mundo. Educan en los mismos a 250,000 alumnos, en más de 20 lenguas principales: español, francés, portugués, italiano, inglés, gaélico, alemán, danés, flamenco, irlandés, griego, chino, árabe, turco, y en las siguientes lenguas indígenas: lingala y swahili (Congo), basuto (Basutolandia), malgacho (Madagascar), vitiano (Islas Fidji), samoán (Islas Samoa), boer (Transvaal) y maorí (Nueva Zelandia). (Véase la obra "Enseñanzas espirituales del Beato Marcelino Champagnat", Crónicas de los Hermanos Maristas, Editorial Luis Vives, Zaragoza, Prólogo I, p. 6.)

Los profesores católicos de Basutolandia, Madagascar, o de las Islas Samoa (entre otros países), por su propia voluntad, y sin que haya tenido que llevarse a cabo ninguna protesta por los indígenas, respetando los principios pedagógicos, enseñan a los niños de esos países en el idioma vernáculo. En Puerto Rico el Superintendente de las Escuelas Católicas de la Arquidiócesis de San Juan, frente a la protesta surgida, amenaza con el retiro de los profesores porque se les indica que deben saber el idioma de Puerto Rico.

¡Increíble! Pregunta: ¿Acaso los puertorriqueños no nos merecemos la misma justicia que se imparte a los nativos de Madagascar y de Basutolandia?

El Imparcial, 3 de julio de 1962.

---

[1] Con posterioridad a este escrito, fue canonizado.

DICE EN DOS ESCUELAS DE LA UPR EL INGLÉS ES EL IDIOMA OFICIAL

El licenciado Eladio Rodríguez Otero, comentando las manifestaciones que hizo el Rector de la Universidad sobre la enseñanza en español en nuestro primer centro docente, señala que hay dos escuelas profesionales cuyo idioma oficial y de trabajo es el inglés.

Estas dos escuelas, según alega el licenciado Rodríguez Otero, son la de Medicina y la de Odontología.

El texto de sus manifestaciones sobre este asunto dice como sigue:

Según manifestaciones del Rector de la Universidad de Puerto Rico publicadas en *El Mundo* del día 6 del corriente, "no ha habido variación alguna del acuerdo del Consejo Superior de Enseñanza del 23 de septiembre de 1942, recomendando que la enseñanza en la Universidad se haga preferentemente en la lengua española". También afirma el Rector que los profesores puertorriqueños de la Universidad cumplen con su responsabilidad de adiestrarse bien en su propio idioma para dar sus clases.

Mucho me extraña que el rector Benítez haga tales afirmaciones, cuando a él, más que a nadie, debe constarle el

91

hecho de que por lo menos hay dos escuelas profesionales en la Universidad de Puerto Rico, las Escuelas de Medicina y de Odontología, cuyo idioma oficial y de trabajo es el inglés, tolerándose excepcionalmente el uso del español.

El catálogo oficial de la Escuela de Medicina correspondiente al año académico 1962-63, redactado totalmente en inglés, en su página 55 dice: "Although all formal instruction throughout the School of Medicine is in English, all communication with patients is in Spanish."

Efectivamente, tal como dice el catálogo, toda la actividad académica de dicha Escuela se conduce en el idioma inglés; clases, conferencias, discusiones, reuniones y otros actos. Este uso exclusivo del inglés es tanto más sorprendente si se considera que la inmensa mayoría de los profesores y la casi totalidad de los estudiantes son puertorriqueños. Todos los textos, por supuesto, están escritos en inglés, y conocemos el caso de una obra médica, escrita y publicada originalmente en español por un autor argentino, de la cual no se utiliza la edición española, sino la traducción inglesa.

En la Escuela de Odontología existe la misma situación. Su idioma oficial y de trabajo es el inglés. Todas las clases, conferencias, reuniones y demás actos se conducen en dicho idioma, a pesar de que, al igual que en la Escuela de Medicina, la inmensa mayoría de los profesores y la casi totalidad de los alumnos son puertorriqueños.

Las minutas de la reunión celebrada el 8 de octubre de 1959 por la facultad de la Escuela de Odontología, documento mimeografiado publicado en inglés, en su página 5 dice lo siguiente: "It was brought into discussion whether lectures should be given in English or in Spanish. It was agreed that both languages should be kept alive in the class-room. Lectures should be given in English, an if a student does not understand a certain phase of the lecture the professor can then further explain it in Spanish."

El Manual del Laboratorio de Prótesis de 1958-59, en su página 3, dice lo siguiente: "It is the policy of the teaching staff in this section to make the laboratory a pleasant place in which to work and to maintain friendly relationship with the students. Circulate freely in an orderly manner, conferring *in English* (énfasis del texto) with your fellow students on problems that may arise pertaining to the various projects." Como puede verse claramente, la imposición del uso del inglés no se limita aquí a las comunicaciones orales y escritas entre profesores y estudiantes, sino que se extiende a la misma conversación entre los estudiantes.

¿No cree el señor Rector que los hechos expuestos demuestran claramente que el idioma español está excluido de dos escuelas profesionales de la Universidad de Puerto Rico? ¿No cree que en las Escuelas de Medicina y de Odontología no se ha dado cumplimiento a la norma dictada por el Consejo Superior de Enseñanza, en el sentido de que "la enseñanza en la Universidad se haga preferentemente en la lengua española"?

Hace veinte años el Rector habló sobre la responsabilidad que tienen los profesores puertorriqueños de adiestrarse bien en su propio idioma para dar sus clases. ¿Cómo podrán los profesores de las Escuelas de Medicina y de Odontología descargar esta obligación si una regla vigente, conocida y permitida por el Rector, les impone el uso exclusivo del inglés como medio de enseñanza?

Señor Rector, es elemento importante para la conservación de la personalidad puertorriqueña el que las Escuelas de Medicina y de Odontología se integren al ámbito cultural del país.

El Mundo, 10 de julio de 1962.
El Imparcial, 11 de julio de 1962.

CUESTIONA VALIDEZ ENCUESTA SOBRE LA ENSEÑANZA EN INGLÉS

Afirmando que "no se puede citar un solo pedagogo local o extranjero que sostenga que el medio natural y razonable de enseñanza es el usar como medio de instrucción una lengua que no es la materna" y que "es por eso que la encuesta hecha por la oficina del Superintendente de Escuelas Católicas no tiene valor científico alguno", el licenciado Eladio Rodríguez Otero cuestiona la validez de la referida encuesta. El texto completo de las declaraciones del licenciado Rodríguez Otero lee como sigue:

En *El Mundo* del 12 del corriente aparece el resultado de la encuesta llevada a cabo por la oficina del Superintendente de Escuelas Católicas de la Arquidiócesis de San Juan, que dirige el Reverendo Padre Bernard C. Stueve.

El Padre Stueve informa que el 90 por ciento o más de los padres de familia quieren que se intensifique la enseñanza del inglés. Ahora bien, nadie discute si debe o no intensificarse la enseñanza del inglés. Lo que se discute es si para intensificar la enseñanza del inglés es o no indispensable que el medio de instrucción sea dicho idioma.

En todos los países del mundo —parece que Puerto Rico es la excepción— el medio de enseñanza es la lengua materna.

94

En Alemania la lengua materna es el alemán, y el medio de enseñanza es el alemán. Dígase lo mismo del francés en Francia, del inglés en los Estados Unidos, del italiano en Italia, y así por el estilo.

Es corriente la afirmación, por parte de los que desean la enseñanza en inglés, de que este idioma se habla en todos los países del mundo. Pero a nadie se le ocurriría pensar que ello sea así porque en dichos países la enseñanza se imparta en inglés. Más aún, ese hecho demuestra precisamente todo lo contrario: demuestra que se puede aprender bien el inglés sin necesidad de que éste sea el medio de enseñanza.

No puede alegarse que por razón de que los puertorriqueños somos ciudadanos de los Estados Unidos y porque la lengua de los norteamericanos es el inglés, también tiene que ser el inglés el idioma de los puertorriqueños. Ése sería un argumento de carácter político, no de carácter pedagógico.

Nadie niega que a los puertorriqueños les conviene saber inglés, y saberlo bien, y que esto les convendría aún en el caso de que el país fuese políticamente independiente. Pero de ahí a concluir que en Puerto Rico el medio de enseñanza deba ser el inglés va un gran trecho.

Por otro lado, a los padres de familia compete el derecho de escoger la enseñanza que prefieran para sus hijos. Pero para que usen razonablemente ese derecho es imprescindible ilustrarlos adecuadamente. A los padres de familia les compete el derecho de velar por la salud corporal de sus hijos, y la obligación de procurársela. Pero cuando un hijo se enferma, los padres acuden razonablemente a un perito en materia de salud, a un médico, para que le cure y les aconseje sobre cómo cuidar de su salud corporal. De igual manera, para que los padres de familia usen razonablemente su derecho paterno sobre la educación de los hijos, es imprescindible que conozcan y tengan en cuenta el parecer de los peritos en materia de enseñanza, esto es, los pedagogos.

Ahora bien, no se puede citar ni un solo pedagogo, local o extranjero, que sostenga que el método natural y razonable de enseñanza es usar, como medio de instrucción, una lengua que no sea la materna. Es por eso que la encuesta hecha por la oficina del Superintendente de Escuelas Católicas no tiene valor científico alguno. A los padres de familia no se les dio la oportunidad de oir y sopesar el parecer de los peritos en la materia: los pedagogos.

El Imparcial, 19 de septiembre de 1963.

PIDE AL COLEGIO DE ABOGADOS QUE INTERVENGA EN CASO DEL IDIOMA

Afirmando que "la resolución del Tribunal Supremo que declara permisible el postular indistintamente en español o inglés en los tribunales del Estado Libre Asociado de Puerto Rico es un pronunciamiento de profunda trascendencia en nuestra vida de pueblo", el licenciado Eladio Rodríguez Otero hace un llamamiento al Presidente del Colegio de Abogados, Abreu Castillo, para que se solicite legislación en defensa de nuestro idioma.

La resolución del Tribunal Superior que declara permisible el postular indistintamente en español o en inglés en los tribunales del Estado Libre Asociado —dice Rodríguez Otero— es un pronunciamiento de profunda trascendencia en nuestra vida de pueblo, y de prevalecer, afectará adversamente la personalidad cultural de Puerto Rico.

Todos los puertorriqueños tenemos conciencia de que nuestro idioma es elemento esencial de nuestra nacionalidad, de nuestro modo de ser como pueblo. En su defensa estamos todos moralmente comprometidos. El propio juez que dictó la resolución, el Hon. Daniel López Pritchard, al declarar con lugar la solicitud hecha por el abogado norteamericano

Robert H. Rout, afirma que él simpatiza con la posición asumida por el fiscal Carlos Noriega —quien sostiene que sólo debe permitirse postular en español— pero que la ley de 1902 es tan clara que no le queda más camino que conceder lo pedido por Rout.

Como puertorriqueño y como miembro del Colegio de Abogados de Puerto Rico, hago un llamamiento a su presidente, el compañero Abreu Castillo, y a la Junta de Gobierno de la institución, para que, en defensa de nuestro idioma, planteen a las Cámaras Legislativas la urgente necesidad de enmendar la ley de 1902. Un estatuto aprobado hace 61 años, casi en las postrimerías del régimen militar norteamericano, no debe servir de base para que se atente hoy contra nuestra integridad cultural.

Creo, además, que el Colegio debe insistir en que no se admita al ejercicio de la profesión en Puerto Rico a abogado alguno que no demuestre un adecuado conocimiento del idioma de nuestro país.

El Imparcial, 11 de octubre de 1963.

AFIRMA ESTADIDAD DESTRUIRÍA NUESTRA IDENTIDAD E IDIOMA: PLANTEA TESIS A LUIS FERRÉ

El licenciado Eladio Rodríguez Otero plantea al líder estadista Luis A. Ferré una serie de argumentos que considera "concluyentes" para comprobar que "la estadidad destruiría nuestro idioma y nuestra identidad de pueblo".

El abogado basa su tesis en el caso de los territorios de origen hispánico que ingresaron como estados en la federación norteamericana —entre otros, Nuevo México, Texas y California.

"Me propongo también demostrar", dice el licenciado Rodríguez Otero, en forma concluyente, "que contrariamente a lo que desea y defiende don Luis Ferré, la estadidad haría obligatoria para los puertorriqueños la enseñanza en inglés de todas las asignaturas en las escuelas públicas y privadas de nuestro país, relegando nuestro idioma a la mera condición de simple asignatura".

La tesis del licenciado Rodríguez Otero es la siguiente:

Desde el día en que conocí personalmente a don Luis Ferré —hace cerca de siete años— he tenido por él gran afecto, respeto y admiración. Afecto, por su sencillez y calor humano; respeto, por ser persona que ha dedicado gran parte de

99

su vida a los ideales políticos que honradamente considera ser los más beneficiosos para nuestro pueblo; admiración, por su obra ejemplar en el orden cultural y económico.

Discrepo profundamente de mi querido amigo don Luis Ferré en cuanto a la solución que él propugna para resolver nuestro status político. Las repetidas veces que hemos tratado personalmente este tema —y siempre lo hemos hecho con el mayor respeto y consideración mutuas— hemos consignado nuestra gran discrepancia a pesar de nuestras afinidades en otros campos del pensamiento y de la actividad social. Creo con firmeza que nuestro pueblo debe encaminarse hacia una meta que le proporcione el mayor grado de libertad política y seguridad económica dentro de un marco de estrechas y singulares relaciones con los Estados Unidos, de fraternal vinculación con Hispanoamérica y de sincera amistad con los demás pueblos del mundo. Y esa meta no puede alcanzarla sino con la independencia. La independencia que han obtenido ya casi todas las sociedades civilizadas del orbe y que, en reciente fecha, obtuvieron Jamaica, Trinidad y hasta la diminuta isla de Malta. Pero, a pesar de que sus ideales políticos son tan antagónicos a los míos, creo firmemente en la sinceridad de don Luis Ferré al propugnar la estadidad como fórmula para la solución de nuestro problema de status. Precisamente porque creo en la absoluta sinceridad de don Luis Ferré es que escribo estas líneas para llamar su atención y la del pueblo de Puerto Rico hacia un aspecto vital de la lucha que siempre ha tenido que sostener nuestro pueblo para liberarse de todas las formas de colonialismo.

Ferré favorece la enseñanza en español

Estoy seguro que causó sorpresa a todos los puertorriqueños el enterarse de que don Luis Ferré favorece la enseñanza en español en las escuelas públicas de nuestro país (véase el *San Juan Star* del 16 de septiembre pasado), así como sus declaraciones en el sentido de que la estadidad no afectaría en forma negativa a nuestro idioma y a nuestra personalidad cultural. Me propongo demostrar que estas afirmaciones son totalmente erróneas, contrarias a la realidad de lo ocurrido en el caso de los territorios de origen hispánico que ingresaron como estados en la federación; norteamericana; entre otros, Nuevo México, Texas y California. Me propongo también demostrar, en forma concluyente, que contrariamente a lo que desea y defiende don Luis Ferré, la estadidad haría obligatoria para los puertorriqueños la enseñanza en inglés de todas las asignaturas en las escuelas públicas y privadas de nuestro país, relegando nuestro idioma a la mera condición de simple asignatura. Veamos.

Lo que ocurrió en Luisiana

El territorio que hoy ocupa el Estado de Luisiana estaba habitado por un pueblo orgulloso de su cultura francesa y española. A pesar del deseo de sus habitantes de conservar su identidad cultural, Luisiana sucumbió ante la férrea política de asimilismo y de uniformidad lingüística de los Estados Unidos. La ley habilitadora ("Enabling Act") que permitió al pueblo del territorio de Orleans convertise en estado, dice en parte: "Y que después de la admisión del mencionado territorio de Orleans como un estado de la Unión, las leyes que dicho Estado pueda pasar serán promulgadas y todos sus registros serán conservados, y todos sus procedimientos, escritos judiciales y legislativos llevados a cabo en el idioma en el cual las leyes y los procedimientos, escritos judiciales y legislativos de los Estados Unidos son en la actualidad publicados y llevados a cabo" (léase, en inglés). La Constitución del Estado de Luisiana en 1864, en su título XI, Artículo 142, dispuso que "las clases en las escuelas comunes (léase públicas) scrán llevadas a cabo en el idioma inglés".

Los casos de California y Texas

El caso de California es también un ejemplo de lo que, con toda seguridad, le ocurriría a Puerto Rico si se conviertiese en estado de los Estados Unidos. Es cierto que su Constitución de 1849, un año después de haber sido conquistada de México, consignaba que "todas las leyes, decretos, reglamentos y disposiciones que, debido a su naturaleza, deban ser publicadas, lo serán en inglés y en español". Sin embargo, esa misma Constitución, en la Sección 24 del Artículo 4, dispone ahora lo siguiente: "todas las leyes del Estado de California, y todos los escritos oficiales, y los procedimientos ejecutivos, legislativos y judiciales serán llevados a cabo, conservados y publicados solamente en inglés ('in no other than the English language')". En corto término el bilingüismo de California sucumbió ante la fuerza arrolladora del idioma oficial: el inglés.

En el Estado de California existen disposiciones legales que requieren el uso exclusivo del inglés, bajo sanciones punitivas en casos de incumplimiento, en los procedimientos ante los tribunales, en los colegios electorales, en las escuelas públicas y privadas y aún cuando la enseñanza se lleve a cabo en el hogar por una persona particular (Véase: Licenciado Alfonso L. García Martínez, "Idioma y Derecho en Puerto Rico", *Revista del Colegio de Abogados de Puerto Rico*, volumen XX, número 3, Mayo de 1960).

Los exponentes del asimilismo cultural del Estado de Texas llegaron al colmo al disponer que "cualquier juez o funcionario electoral... que ayude a un votante en un idioma que no sea el inglés será multado en una suma que no será menor de $200 ni mayor de $500 o encarcelado por un periodo no menor de dos meses ni mayor de doce meses o ambas penas" (Artículo 225 del Código Penal de Texas).

El ejemplo de Nuevo México

El caso de la población de origen hispano del Estado de Nuevo México, que actualmente compone la mitad de la población total de dicho estado, es quizás el más trágico entre todos los grandes núcleos hispánicos que han sufrido las vicisitudes de la estadidad. El discrimen en contra de los niños de descendencia española llegó allí a tales extremos que la Legislatura se vio precisada a enmendar la Constitución del estado incorporándole un artículo, el número XII, Sec. 10, que lee como sigue: "Los niños de descendencia española del Estado de Nuevo México jamás serán privados del derecho y privilegio de admisión y asistencia en las escuelas u otras instituciones educativas del estado y jamás serán clasificados en escuelas separadas, sino que para siempre gozarán de perfecta igualdad con los otros niños (léase norteamericanos) en todas las escuelas públicas e instituciones educacionales del estado, y la legislatura proscribirá castigo para la infracción de esta sección". ¡Dios libre a los niños puertorriqueños del día en que tengan que ser protegidos del discrimen ejercido contra ellos por personas de otro origen en las escuelas de su propia tierra!

La influencia de los habitantes de lengua inglesa en el Estado de Nuevo México no guarda proporción con su número. A pesar de que sólo componen la mitad de sus habitantes, dominan el comercio, la banca, la industria, la política, las profesiones, las instituciones religiosas, la educación y las organizaciones cívicas. Véase Harper, Córdova & Overg, *Man and Resources in the Middle and Río Grande Valley*, University of New Mexico Press, 1943.

Desde que se produjo la conquista de Nuevo México por las tropas de los Estados Unidos, el plan fue el de imponer el inglés y relegar el español a un plano doméstico y folklórico. Con la adopción de la estadidad en 1912 se consumó dicho plan. De ello dan fe Manor & Harvey en su libro *New Mexi-*

co, *Land of Enchantment*; Michigan State University Press, cuando afirman: "La ley estatal dice que el español puede enseñarse desde el quinto hasta el octavo grado, pero aún así muchas escuelas no lo enseñan". Y en el mismo libro afirman que "un porcentaje mínimo de la población anglosajona ha aprendido español. El inglés ha llegado a ser la lengua dominante en las actividades escolares, comerciales y sociales".

¿Qué queda de la cultura, de la personalidad hispánica de Nuevo México después de haber sido conquistado en 1848 y admitido como el estado número cuarentisiete en 1912? Esta pregunta la contesta el doctor Joaquín Ortega, de la Escuela de Asuntos Interamericanos de la Universidad de Nuevo México, cuando dice, refiriéndose a su cultura española: "New Mexico still possesses utilizable cultural residues" (Nuevo México todavía posee residuos culturales utilizables), (Véase Carey McWilliams, *North from Mexico*, Monthly Review Press, New York, 1961).Aunque parezca increíble, de la cultura y personalidad hispánica de Nuevo México, ¡sólo quedan residuos! ¡Solamente residuos!

La carta de Franklin D. Roosevelt

Lo que ocurrió en Nuevo México, Texas y California como consecuencia de su incorporación como estados a los Estados Unidos es asunto que seguramente conoce don Luis Ferré. ¿Cómo es posible, pues, que don Luis le pida a los puertorriqueños que soliciten la estadidad, que aboguen por su propia liquidación en todas las esferas de su vida como pueblo? No puedo concebir que don Luis Ferré quiera el mal para sus compatriotas ni que desee la destrucción de su propio país. Como dije antes, creo firmemente en su sinceridad y en su honradez. Quizás lo único que aparentemente explique la anómala situación en que se ha colocado el líder estadista ante su pueblo es que él crea que los ejemplos de Nuevo México, Texas y California pertenecen al pasado; que los dirigentes de los Estados Unidos, al cabo de los años, han abandonado la política totalitaria en materia cultural y que, por lo tanto, el advenimiento de Puerto Rico como estado de la Unión ocurriría bajo una nueva era de respeto a la diversidad cultural y de absoluta igualdad en la ciudadanía de los Estados Unidos. Si éste es el caso, podemos traer a la atención de don Luis Ferré que, en el 1937, un liberal como Franklin D. Roosevelt cursó una carta al doctor José M. Gallardo, en ocasión de nombrarlo Comisionado de Instrucción Pública de nuestro país, recordándole que, en el desempeño de sus funciones educativas, nunca debía olvidar que el inglés era el idioma oficial de los Estados Unidos y de Puerto Rico.

La opinión de los congresistas

Cabe la posibilidad de que, a pesar de la carta del presidente Roosevelt, don Luis Ferré piense que desde 1937 hasta el presente la mentalidad de los congresistas y demás gobernantes de Estados Unidos ha variado y que, por lo tanto, a Puerto Rico no se le impondría el requisito de la asimilación cultural para ingresar como estado de la Unión Americana. Ahora bien, un despacho de Prensa Unida, proveniente de Washington y publicado en *El Mundo* del 25 de septiembre pasado, hace escasamente unos días, bajo el título de "Preocupa congresistas énfasis Ferré a enseñanza en español", le cierra al líder estadista la única posibilidad de explicar su extraña posición al pueblo de Puerto Rico. Según el despacho, varios congresistas afirmaron que: "...la estadidad sólo ha sido concedida en aquellas áreas donde la población está considerada como suficientemente adaptada a la vida política y social norteamericana" y que "esos lazos íntimos (la estadidad) no pueden existir a menos que no compartan (Puerto

Rico y Estados Unidos) un mismo idioma".

Los propios congresistas de Washington le han llamado la atención a don Luis Ferré y le dicen que para llegar a ser estado, Puerto Rico tiene que ser norteamericano no sólo en el orden político-jurídico sino también en el lingüístico-cultural. Quienes dicen esto no son los congresistas que en 1848 obligaron a Luisiana a renunciar a su lengua y a su identidad cultural como requisito para convertirse en estado; los que lo dicen son los congresistas de 1964, son los amigos del propio líder estadista y posiblemente los mismos que intervendrían en la admisión de Puerto Rico como estado. Éstos son los que le advierten, con absoluta sinceridad y franqueza, a don Luis Ferré, que, para ser estado, tenemos que transformarnos culturalmente en norteamericanos; que para ser estado, ¡tenemos que estar dispuestos a dejar de ser puertorriqueños!

Pregunta a don Luis Ferré

En vista de la prueba concluyente que he aportado para probar la tesis de que la estadidad destruiría nuestro idioma y nuestra identidad de pueblo, y en vista también de que el distinguido líder estadista continúa diciéndole a los puertorriqueños que él favorecería la enseñanza en el vernáculo en las escuelas públicas en la eventualidad de que Puerto Rico se convirtiese en estado y que la estadidad no tendría efectos perjudiciales a nuestra personalidad cultural, con el mismo afecto, el mismo respeto y la misma admiración personal que he sentido por don Luis Ferré desde el día en que le conocí, le formulo la siguiente pregunta, ¿Por qué insiste el distinguido líder estadista en mantener una posición que carece en absoluto de fundamento?

El Mundo, 6, 13 y 27 de octubre de 1964.
El Imparcial, 10 de octubre de 1964.
The San Juan Star, 16 de octubre de 1964.

PALABRAS DE PRESENTACIÓN EN LA DISERTACIÓN DEL PRESIDENTE DEL ATENEO, DON LUIS MANUEL RODRÍGUEZ MORALES, SOBRE LA ENSEÑANZA EN LAS ESCUELAS PRIVADAS

De todos los problemas con que actualmente se confronta Puerto Rico el más grave es el de su idioma y cultura, que es como decir el de su identidad, el de su propio ser. Es históricamente cierto que la lucha por la supervivencia y desarrollo de la identidad puertorriqueña comenzó mucho antes del 1898, como se demostró en forma dramática en la célebre reunión de Arizmendi y Power en 1809. Durante todo el siglo XIX quisimos afirmar y afirmamos nuestro yo frente a España, que ya era, para los puertorriqueños, un pueblo, una nación distinta, no empece la esencial comunidad de idioma y cultura. Pero esta pugna entre España y la nacionalidad puertorriqueña, que entonces cristalizaba, nunca pasó de ser una lucha por la afirmación de una modalidad, de una distinta manera de ser dentro de la gran familia de la hispanidad.

Fue en 1898 cuando empezó la verdadera batalla, la radical confrontación entre las formas de vida de la nación puertorriqueña y la del gigante en ciernes, que luego habría de convertirse en el más grande poder que ha conocido la historia.

Nadie podía llamarse a engaño. Casi desde el preciso instante en que las fuerzas militares de los Estados Unidos tomaron posesión de nuestro país, se hicieron públicos sus propósitos e intenciones en relación con Puerto Rico. El presidente McKinley, en sus instrucciones al primer gobernador civil, Mr. Allen, le dijo que su misión más importante era "preparar a los puertorriqueños para la estadidad lo más rápidamente posible". Esto implicaba, desde luego, un previo proceso de americanización masiva.

Desde el 1898 hasta la terminación de la Segunda Guerra Mundial, en 1945, los principales medios utilizados con el propósito de suplantar nuestro idioma y cultura fueron: la actividad oficial, la escuela pública, y las instituciones religiosas. En la escuela pública se impartía la enseñanza en el idioma inglés, relegándose al español a la condición de mera asignatura, en contravención de los más elementales principios pedagógicos. En esta escuela, ¡aunque parezca increíble!, se inducía a los estudiantes puertorriqueños a menospreciar su idioma vernáculo y su propia cultura. La escuela pública fue, por lo tanto, el principal instrumento en el implacable proceso de transculturación a que ha sido sometido nuestro pueblo, desde la histórica fecha en que el General Miles proclamó la llegada de la libertad a nuestras playas. Fue esta escuela, antipedagógica, anticultural y antipuertorriqueña, que enseñaba a sus estudiantes a despreciar la cultura de sus mayores, la que llevó a don Epifanio Fernández Vanga a decir que en esas aulas se enseñaba a los niños puertorriqueños a violar el cuarto mandamiento de la Ley de Dios.

Los otros medios utilizados en el proceso de asimilación cultural desde el 1898 hasta principios de la década del 40, fueron la política oficial del gobierno local de darle preferencia al idioma inglés en todo lo posible y las instituciones religiosas, católicas y protestantes, utilizadas con la aquiescencia o inconsciencia de sus directores, para lograr propósitos que evidentemente no eran de naturaleza apostólica.

Como era de esperarse, el proceso de asimilación dejó sentir sus efectos en el deterioro del idioma y la cultura de Puerto Rico. Pero, debido a la alta densidad poblacional, y a la dispersión de los habitantes por toda la zona rural, no era fácil asimilar las masas obreras y campesinas, sobre todo cuando no ascendían a 5,000 los norteamericanos residentes en Puerto Rico y cuando ni los inversionistas de la industria azucarera, ni sus representantes, hacían sentir su presencia en el pueblo puertorriqueño.

Es un hecho histórico innegable que la mayoría del pueblo de Puerto Rico resistió, con mayor o menor éxito, con menor o mayor consciencia, los intentos de asimilación cultural. Y en general puede decirse que sus dirigentes, en todos los campos de la actividad política, social y cultural, se opusieron a la actividad disociadora de nuestra personalidad de pueblo. Entre ellos, José de Diego —desde la tribuna política, la presidencia de la Cámara de Representantes, del Ateneo Puertorriqueño, y desde la cátedra— se destacó como la figura cimera de la resistencia puertorriqueña frente a los intentos de desplazamiento cultural. Entre las asociaciones profesionales cupo el honor y la gloria a la Asociación de Maestros de Puerto Rico de dirigir la gran lucha que culminó, tras múltiples vicisitudes y tenaces batallas, en el decreto de 1949, promulgado por el entonces Comisionado de Instrucción Pública, don Mariano Villaronga, que estableció, en forma definitiva, la enseñanza en el vernáculo en las escuelas públicas de Puerto Rico.

La segunda etapa en el proceso para desplazar el idioma y la cultura puertorriqueña comenzó después de la terminación de la Segunda Guerra Mundial, hace alrededor de veinte años. El terreno estaba ya abonado, la confusión estaba sembrada, la profunda desunión entre los puertorriqueños era un hecho. La gran revolución científica, tecnológica e industrial, que se produjo después de la Segunda Guerra Mundial, ha hecho posible la acelerada expansión a Puerto Rico de las poderosas fuerzas económicas e industriales de los Estados Unidos. Esas fuerzas vienen acompañadas, por la inmigración a la isla, de un gran número de norteamericanos que ya alcanzan la respetable cifra de 75,000. A éstos hay que sumar la llegada de aún mayores contingentes de emigrantes puertorriqueños los cuales, en su mayor parte, regresan a su país de origen transformados cultural y sicológicamente en seres marginales; no son ni puertorriqueños ni norteamericanos. Alguien los ha llamado nuestros mozárabes. Es un hecho significativo que algunos de estos inmigrantes marginales han sido escogidos en los últimos años para ocupar posiciones claves en el periodismo y en la actividad financiera e industrial del país. La expansión económica norteamericana, y la llegada de los inmigrantes, se inició en un momento en que Puerto Rico no tenía, como no tiene aún, los poderes para controlar y ordenar esas influencias en orden a la protección y resguardo de sus propios intereses.

El proceso de suplantación cultural ya ha llegado a las masas. La fuerza campesina está prácticamente destruida. Son claramente visibles los dramáticos efectos del proceso iniciado en 1898. Y en el ámbito del idioma vemos cómo el comercio, la ciencia, la industria y la tecnología, en fin, el progreso material, se identifica casi exclusivamente con el idioma inglés, mientras que el español se asocia más bien con la literatura, la poesía; en fin, con las actividades representativas del llamado orden "no productivo".

Las escuelas privadas crecen significativamente en número y se extienden por todo Puerto Rico. De meras escuelas o liceos privados de escaso impacto social han llegado a constituir todo un sistema de educación en donde cursan estudios, actualmente, alrededor del 10 por ciento del total de los estudiantes puertorriqueños; es decir, unos 70,000 alumnos.

Estas escuelas privadas, tanto católicas como protestantes, tuvieron su origen en el período anterior a la Segunda Guerra Mundial y, su gran desarrollo, después de esa contienda, cuando los dirigentes religiosos, ya en su inmensa mayoría norteamericanos, asumen la doble misión de hacernos buenos cristianos y transformarnos en "buenos americanos". La mayor parte de estas escuelas privadas —principalmente las que dirigen religiosos y religiosas procedentes de los Estados Unidos— han representado y aún representan —a pesar de la reciente elevación de naturales del país a las posiciones de máxima responsabilidad eclesiástica— una fuerza dirigida en gran medida a lograr la transculturación de la elite puertorriqueña. Su actividad uniforme y tenaz constituye uno de los elementos más poderosos en el proceso de desplazamiento de la personalidad cultural puertorriqueña. Sobre estas escuelas es que nos hablará esta noche el Presidente del Ateneo Puertorriqueño.

El Ateneo, por su propia razón de ser, está comprometido a usar todos sus talentos y todas sus energías para defender el idioma y la cultura a la cual quisieron, Dios y la historia, que perteneciéramos. Consciente de esa responsabilidad, y fiel a su misión cultural, el pasado mes de diciembre la Junta de Gobierno de la Institución acordó desarrollar un plan de actividades en defensa de la lengua. Como parte importante de ese plan se acordó auspiciar la celebración de una serie de coloquios sobre el problema de la lengua en Puerto Rico. Ya ocuparon esta tribuna la doctora María Teresa Babín, quien habló sobre La Lengua y la Escuela Pública; el señor José Santori Coll, sobre El Idioma y los Deportes; el doctor Rafael Navarro Cádiz, sobre El Idioma y las Escuelas de Medicina y de Odontología de la Universidad de Puerto Rico. En próximas ocasiones tendremos la oportunidad de escuchar al doctor Ismael Rodríguez Bou, a la doctora Sylvia Viera, al arquitecto Gabriel Ferrer Amador, al licenciado Alfonso García Martínez, a la doctora Margot Arce de Vázquez, al doctor Luis Nieves Falcón, y a la licenciada Nilita Vientós Gastón.

Esta noche tendremos el placer de oír al Presidente del Ateneo Puertorriqueño y Director del Archivo General de Puerto Rico, don Luis Manuel Rodríguez Morales, graduado de la Universidad de Puerto Rico y de la Universidad Católica de

América de Washington, Instructor de la Universidad de Puerto Rico, Presidente de la Sociedad Arizmendi Pro Defensa del Idioma desde su fundación en 1962, y miembro de la Junta de Directores del Instituto Puertorriqueño de Cultura Hispánica. Autor de obras literarias e históricas, ha participado activa y destacadamente en la defensa del idioma y la personalidad cultural puertorriqueña.

Como Presidente del Comité pro Defensa del Idioma del Ateneo, me place grandemente poner en el uso de la palabra, en este histórico recinto, baluarte de nuestro idioma, a uno de sus más destacados defensores. Con ustedes, para disertar sobre el tema "La enseñanza en las escuelas privadas", don Luis Manuel Rodríguez Morales.

Junio de 1967.

INVITA AL SECRETARIO DE INSTRUCCIÓN A ESTUDIAR EL INFORME DEL COLEGIO DE ABOGADOS SOBRE LAS CONSECUENCIAS DE LA INMIGRACIÓN Y EXHORTA A QUE SE LEGISLE A FAVOR DEL VERNÁCULO

El Presidente del Ateneo Puertorriqueño, licenciado Eladio Rodríguez Otero, en declaraciones hechas a la prensa, invita al Secretario de Instrucción Pública a "estudiar con detenimiento" el informe que, recientemente, adoptó el Colegio de Abogados sobre las consecuencias de la inmigración en Puerto Rico, "principalmente en el aspecto del idioma y de la personalidad cultural puertorriqueña".

Refiriéndose a aquella parte del informe que condena la enseñanza de los conocimientos en un idioma que no es el vernáculo de los estudiantes, tal como ocurre en gran parte de las escuelas privadas, el presidente del Ateneo Puertorriqueño afirma que "no es posible que se siga permitiendo —por razones que en nada tienen que ver con la ciencia pedagógica— que en nuestro país existan dos sistemas educativos en abierto conflicto en cuanto a sus métodos y propósitos, como lo son el de la escuela pública y el de gran parte de la escuela privada".

113

El texto completo de las declaraciones del licenciado Rodríguez Otero lee como sigue:

El Colegio de Abogados de Puerto Rico aprobó por unanimidad, en su última Asamblea anual, el estudio realizado por una de sus comisiones especiales, de la cual me honro en formar parte, sobre el impacto de la inmigración en Puerto Rico. Igual respaldo de la asamblea merecieron las recomendaciones hechas por dicha comisión, la cual preside el distinguido compañero Lorenzo Lagarde Garcés.

El extenso y minucioso estudio, cuya preparación tomó alrededor de año y medio, obra principal de un grupo de expertos puertorriqueños dirigidos por el catedrático de economía de la Universidad de Puerto Rico, doctor Antonio J. González, analiza las consecuencias de la llegada a nuestro país, con propósito de establecer aquí su residencia, de millares de forasteros, principalmente norteamericanos, cubanos y dominicanos. Todas las fases de la actividad social sujetas al impacto de la inmigración, desde la económica hasta la cultural, fueron sometidas a estudio científico por la comisión.

Era lógico esperar que una de las recomendaciones del grupo investigador fuese el recomendar al gobierno del Estado Libre Asociado que recabe del Congreso de los Estados Unidos la transferencia, al pueblo de Puerto Rico, del poder para reglamentar la inmigración. Esa recomendación, basada en la premisa de que no es posible ordenar eficazmente el desarrollo económico, social y cultural de un pueblo sin controlar la entrada de extranjeros a su territorio, tiene, ahora, el respaldo unánime del Colegio de Abogados de Puerto Rico.

Otro aspecto de señalada importancia, entre los muchos que contiene el documento sobre los efectos de la inmigración en Puerto Rico, es la recomendación para que "se legisle con el fin de armonizar la política educativa de las instituciones de enseñanza privada (dirigidas en número extraordinario por inmigrantes) con la política y objetivos educativos del gobierno de Puerto Rico", y para que "el Departamento de Instrucción revise su política de acreditación de las escuelas privadas a los fines de lograr una mayor vinculación y supervisión sobre dichas instituciones". Estas recomendaciones tienen como propósito principal el proteger, a alrededor de 50,000 niños puertorriqueños, de los nocivos y perturbadores efectos de la enseñanza de los conocimientos en un idioma que no es su vernáculo. Todo ello sin detrimento de que el inglés se enseñe, con especial énfasis, como idioma.

Invito al señor Secretario de Instrucción Pública a estudiar, con detenimiento, el informe que acaba de adoptar el Colegio de Abogados de Puerto Rico, principalmente en el aspecto del idioma y de la personalidad cultural puertorriqueña, porque —digámoslo con absoluta franqueza— no es posible que se siga permitiendo, por razones que nada tienen que ver con la ciencia pedagógica, que, en nuestro país, existan dos sistemas educativos en abierto conflicto en cuanto a sus métodos y propósitos, como lo son el de la escuela pública, que enseña en el vernáculo, y el de la mayor parte de las escuelas privadas, que, en clara oposición a la cultura puertorriqueña y a las normas pedagógicas universalmente reconocidas, se obstinan en mantener la enseñanza de los conocimientos en un idioma que no es el vernáculo de sus estudiantes.

Una vez más el Colegio de Abogados le señala al gobierno del Estado Libre Asociado el camino que conduce a las más fundamentales reivindicaciones puertorriqueñas.

El Mundo; El Imparcial; 11 de septiembre de 1967.

ANTE LA TUMBA DE JOSÉ DE DIEGO

Palabras pronunciadas ante la tumba de José de Diego en oca-
sión del homenaje ofrecido al prócer por el Ateneo Puertorrique-
ño el 16 de abril de 1968 en el Centésimo-Segundo Aniversario de
su Natalicio.

Nos reunimos una vez más ante la tumba de José de Diego
para reiterar, en el centésimo-segundo aniversario de su natalicio, nuestro respeto, nuestra admiración y nuestro afecto a aquél
que consagró su vida entera a la defensa de su patria. Venimos
en representación del Ateneo Puertorriqueño, la más antigua
institución cultural del país, en cuya tribuna obtuvo brillantes
triunfos como orador y conferenciante, y la cual presidió durante los dos años previos a su muerte. Desde el Ateneo libró
De Diego valientes batallas en defensa del idioma, de la cultura, de la personalidad puertorriqueña .

No hemos venido a hablar con la muerte. Hemos llegado hasta aquí no sólo a depositar laureles sobre este mármol, sino a
buscar inspiración ante un hombre que por su grandeza moral,
logró proyectar su personalidad en lo infinito. Venimos a saludar a un hombre que sacude aún la conciencia puertorriqueña
con la gesta de su verbo; que hace vibrar a jóvenes y mayores

con la fuerza de su prosa y la belleza de sus poemas; un hombre el cual, por sus limpias y elevadas ejecutorias, es ejemplo a seguir por todos nosotros y por los que nos sucedan. Hemos venido a saludar a uno de los grandes de la historia puertorriqueña.

José de Diego, defensor ilustre de nuestra cultura

En este 16 de abril de 1968 —cincuenta años después de haber rendido el prócer la jornada de su vida— es forzoso que hagamos un recuento de la situación en que se encuentra la puertorriqueñidad, principalmente en su aspecto cultural. Tocó a José de Diego, durante varias décadas, ser el adalid de las fuerzas que tan gallardamente lucharon por la conservación y enriquecimiento de nuestra herencia cultural hispánica. Se enfrentó resueltamente a la imposición del idioma inglés como medio para impartir los conocimientos a los estudiantes puertorriqueños. Denunció esta actividad anticultural y antipedagógica, la cual, en violación del unánime criterio de los educadores puertorriqueños, norteamericanos, y de todo el mundo, ha perturbado el proceso de la enseñanza en Puerto Rico durante setenta años. La denunció con vehemencia en el foro político, con los más claros argumentos desde la Cátedra y la Legislatura, con brillantez y elocuencia desde la tribuna del Ateneo Puertorriqueño.

Describió De Diego las intenciones políticas de quienes insistían en el uso del inglés como medio de enseñanza, con palabras que tienen hoy perfecta aplicación a los que aún pretenden defender tan absurdo sistema: "Hay que matar el lenguaje glorioso de los descubridores, hay que extirpar el pensamiento hispano, hay que extinguir, con la lengua española, el espíritu de la tradición, de la historia, de todos los nexos que ligan al pueblo puertorriqueño con la nación-madre, con las naciones hermanas de América". Y al abordar este tema, tan cercano al sentimiento y al corazón, expresó: "He querido tratar con una sonrisa de desprecio la contemplación de las garras que se ciernen sobre esta infeliz tierra sometida, pero, al llegar aquí, los labios se contraen, los ojos se nublan, se eleva el tórax y se crispa la diestra como si apretase el puño de una espada...".

Cincuenta años después de la muerte del prócer

Cincuenta años después de la muerte de este ilustre paladín de la libertad, de la lengua y de la raza, ante su tumba nos preguntamos: ¿Ha variado fundamentalmente la situación puertorriqueña? ¿Somos los dueños de nuestro propio destino? Es lamentable y doloroso tener que responder a esas preguntas en la negativa. Todos reconocemos que aunque el gobierno local ejerce algunas funciones delegadas por Washington, es el Congreso de los Estados Unidos, cuerpo legislativo que no nos representa, el poder soberano en Puerto Rico. Setenta años después de la llegada del General Miles a la bahía de Guánica, los puertorriqueños no disfrutamos en la actualidad ni siquiera de los derechos colectivos que nos reconoció la Carta Autonómica concedida por la monarquía española el 25 de noviembre de 1897.

La escuela pública puertorriqueña

En el aspecto cultural podemos afirmar con satisfacción que ya ha sido definitivamente rebasada la época en que por un *fiat* del presidente de los Estados Unidos se designaba a un funcionario extraño a nuestra idiosincrasia y cultura para dirigir la política escolar en Puerto Rico. Y con orgullo podemos decir que, por gestión directa del pueblo puertorriqueño, la enseñanza en las escuelas públicas, desde el año 1949, se imparte en el idioma materno de los estudiantes.

No quiere esto decir que la escuela pública del presente sea la escuela propugnada por José de Diego. No. El sistema actual sólo representa una etapa de progreso en el camino hacia la estructuración de una escuela genuinamente puertorriqueña, escuela que sólo podrá lograrse a plenitud cuando el gobierno de Puerto Rico esté totalmente en nuestras manos. Pero no por ello debe restársele mérito al noble intento que han realizado y realizan las autoridades educativas para darle un propósito autóctono a nuestro sistema escolar.

La escuela privada y el idioma de la enseñanza

Pero si bien todo esto puede en justicia decirse de la escuela pública, ¿puede afirmarse otro tanto de la escuela privada? Hay que recordar que en la época en que vivió José de Diego prácticamente no existían escuelas particulares. El desarrollo del sistema escolar privado —principalmente el auspiciado por los dirigentes de la Iglesia Católica— se inicia precisamente alrededor de la fecha de la muerte del apóstol y es el resultado directo de la mentalidad de una jerarquía no puertorriqueña que, independientemente de sus intenciones, no tuvo reparo en someter a nuestros escolares a un abierto proceso de transculturación. En otras palabras, y como veremos más adelante, uno de los principales propósitos de esta escuela era, y sigue siendo, ¡aunque parezca increíble!, la transformación cultural de los escolares puertorriqueños.

A medida, pues, que la escuela pública ha ido dando señales de cobrar conciencia patria, gran parte de las escuelas privadas, dirigidas aún por el personal y dependientes de las estructuras creadas bajo el régimen de los Obispos norteamericanos, se han ido reafirmando en su orientación americanizante. Continúa el empleo de maestros procedentes de Estados Unidos que llegan a Puerto Rico con desconocimiento casi absoluto de nuestro idioma y cultura. Continúa la enseñanza en el idioma inglés de la aritmética, de las ciencias sociales, de la historia, en fin, de todas o casi todas las materias; en no pocos casos la utilización de textos en inglés para la enseñanza del francés, del latín y de otros idiomas europeos, y, por sorprendente que pueda parecer, la enseñanza en inglés ¡hasta de la misma religión! Continúa también, para el aprendizaje de casi todas las materias, el uso irrestricto de textos redactados en inglés preparados para la enseñanza de escolares norteamericanos, utilizándose, en su selección, el mismo criterio que se emplea en los Estados Unidos.

Magnitud del problema

Como alguien podría preguntarse si el número de escolares sometidos a este antipedagógico sistema de enseñanza justifica nuestra preocupación, señalamos que no se trata de un mero puñado de estudiantes. Se trata, según las estadísticas, de alrededor de cincuenta mil niños y jóvenes puertorriqueños. Es cierto que la población escolar total del país es de un poco más de setecientos mil alumnos. Pero no debemos olvidar que la matrícula de la escuela privada proviene mayormente de la clase rica y de la alta clase media. Debe suponerse que de ella saldrán los futuros dirigentes puertorriqueños de las más importantes esferas en la actividad social.

Alguien podría preguntarse también: ¿No habíamos dicho antes que esta escuela, de la cual puede afirmarse que vive casi al margen de la realidad cultural del país, fue creada y desarrollada por dirigentes eclesiásticos norteamericanos? ¿No tenemos ahora Obispos puertorriqueños?

Ésta es la pregunta que tantas personas se han venido formulando, y, cada vez con mayor frecuencia, sin acertar a comprender el porqué de la inacción de los actuales prelados ante el grave problema de una escuela que, bajo el signo de la Iglesia, opera con los mismos métodos antipedagógicos y la misma orientación asimilista que la caracterizaba anteriormente. Sobre todo, después de las sabias normas que, en defensa de las culturas autóctonas, han sido dadas por Juan XXIII, Paulo VI y el Segundo Concilio Vaticano.

Pero no hemos venido hoy aquí a culpar a nadie por la situación que hemos señalado. Sabemos de las serias dificultades con que se enfrentan los más altos dirigentes de estas escuelas —tanto católicas como protestantes— para lograr los cambios deseables en su orientación cultural y social. Tenemos fe en que este sistema escolar privado logrará —al igual que lo ha logrado en gran medida el sistema escolar público— reorientar su trayectoria para que sirva, así, al propósito de hacer de Puerto Rico la patria de todos los que hemos nacido en esta tierra.

Nuevos rumbos para la escuela privada

Debemos señalar, al efecto, que, según recientes informaciones de prensa, la jerarquía puertorriqueña se propone realizar un estudio socio-religioso sobre cuáles son los rumbos que debe tomar la Iglesia ante la realidad puertorriqueña. Es de suponerse que en el examen que, como parte de dicho estudio, se ha de hacer de la problemática de las escuelas católicas, se incluya, como tema de superior importancia, la cuestión del idioma de la enseñanza y la orientación cultural de estos centros educativos.

No pretendemos, dado el carácter de este acto, hacer una revisión, ni tan siquiera panorámica, de la situación de peligro por la cual atraviesa nuestro idioma y en general de la personalidad cultural puertorriqueña. Sabemos que son muchas las fuerzas que militan en forma activa en contra de nuestra identidad de pueblo. Precisamente porque tenemos conciencia de ello hemos venido hoy aquí a decirle a José de Diego, a nombre del Ateneo Puertorriqueño, que esta institución, inspirada en su ejemplo, continuará su lucha —como sabemos que seguirá luchando la mayoría de nuestro pueblo— para lograr que nuestra cultura patria, venciendo las fuerzas que ponen en peligro su existencia, se afirme para siempre en la presente y en las futuras generaciones de puertorriqueños.

El Imparcial, 13 de mayo de 1968.
El Siglo (Bogotá), 28 de abril de 1968.

SE OPONE GOBIERNO AYUDE ESCUELAS PRIVADAS QUE NO ENSEÑAN EN EL IDIOMA VERNÁCULO Y QUE PRACTICAN EL DISCRIMEN SOCIAL Y RACIAL

El Secretario de Instrucción Pública se ha manifestado partidario de que se enmiende la Constitución de Puerto Rico "para que el Estado pueda brindar ayuda directa a las escuelas privadas... sin intervenir en la filosofía educativa de las mismas".

Apoyamos en principio esta ayuda a las escuelas privadas. El derecho primario a la educación de los hijos reside en sus padres y son éstos quienes deben decidir si los envían a las escuelas públicas o a las privadas. Si optan por las últimas tienen también, como consecuencia, derecho a recibir el apoyo económico del Estado.

Ahora bien, ¿qué ha querido decir el Secretario de Instrucción Pública al manifestar que la ayuda a las escuelas privadas debe darse "sin intervenir en la filosofía educativa de las mismas"?

Si con esta frase sólo significa que el Departamento de Instrucción Pública no intervendrá en los conceptos religiosos o filosóficos que informen la instrucción impartida en las escuelas privadas, apoyamos su proposición. Parece, sin embargo, que el Secretario quiere decir que el Gobierno debe proveer ayuda económica a todas las escuelas particulares, independientemente de que las mismas enseñen o no en el idioma español o practiquen o no el discrimen racial y social.

A esto, naturalmente, hay que oponerse, no sólo por razones de carácter humano, científico y pedagógico, sino por el hecho de que tal ayuda sin condiciones constituiría una abierta violación de los mismos principios que el Departamento de Instrucción Pública, y su titular, están comprometidos a mantener en nuestro sistema escolar: la ausencia de discriminación racial y social y el mantenimiento de la enseñanza en el idioma de los estudiantes. Ésta es la posición correcta, que defienden las máximas autoridades educativas del mundo y que, invariablemente, ha sostenido la Asociación de Maestros de Puerto Rico.

El proveer a todas las escuelas privadas ayuda económica sin condiciones equivaldría a ayudar, con fondos públicos, a entidades que violan los principios de igualdad racial y social, y las normas racionales de la enseñanza consignados en la Constitución del Estado Libre Asociado de Puerto Rico y en los reglamentos del Departamento de Instrucción Pública, principios y normas que expresan el sentir y la voluntad de la abrumadora mayoría de nuestro pueblo.

Medite, pues, el señor Secretario de Instrucción Pública si su proposición de ayuda económica, sin condiciones, para todas las escuelas privadas, no significaría la colaboración positiva con una "filosofía educativa" que, tal como se manifiesta en muchas de ellas, es radicalmente contraria a los principios sociales y pedagógicos que, como Secretario de Instrucción Pública de Puerto Rico, viene obligado en todo momento a defender y sostener.

El Imparcial, 27 de junio de 1969.
The San Juan Star, 30 de junio de 1969.

RECALCA CARÁCTER CULTURAL DEL PRIMER CONGRESO HISPANOAMERICANO DE LEXICOGRAFÍA

El senador por el Partido Nuevo Progresista, don Justo Méndez, ha hecho manifestaciones públicas en las que afirma que el acto recientemente celebrado en el Ateneo Puertorriqueño por el Primer Congreso Hispanoamericano de Lexicografía fue uno de tono político. Como Presidente del Ateneo, entidad coauspiciadora del acto, me veo en la obligación de rechazar la acusación del senador Méndez.

El acto del Ateneo, al igual que los demás celebrados por el Congreso de Lexicografía, revistió un carácter eminentemente cultural. El tema tratado fue el presente y futuro del idioma español en América y específicamente en Puerto Rico. Ahora bien, no es posible discutir este tema en abstracto sin entrar en consideraciones sobre los elementos sociopolíticos necesariamente vinculados al problema de la lengua. Pretender que se hable sobre este tema sin enmarcarlo en la realidad que vive Puerto Rico es tan irreal como pretender aislar el problema universitario de los hechos sociales y políticos del país.

Asistí como invitado a la recepción que ofreció el Gobernador en honor de los delegados al Congreso de Lexicografía. El

124

señor Ferré, al dirigirse a la concurrencia, expresó su criterio de que Puerto Rico debe convertirse en "puente entre las dos Américas". Esta opinión, que ciertamente se funda en una convicción política, no fue compartida por muchos de los que estábamos allí. ¿Se le ocurriría al senador Méndez afirmar que el Gobernador convirtió por ello el acto social en uno de carácter político?

Por otra parte, cuando el senador Justo Méndez y sus compañeros anexionistas hablan sobre el tema del idioma, ¿lo hacen acaso aislándolo de sus naturales implicaciones sociopolíticas? ¿No se han dado últimamente a afirmar que nuestro idioma y cultura no sufrirían daño alguno con la anexión de Puerto Rico a la Unión federal norteamericana? ¿No prueba esto que es imposible separar totalmente la cuestión cultural de la cuestión política?

El Ateneo ha sido —y esperamos que siempre sea— la tribuna libre por excelencia de Puerto Rico. Es foro que, por naturaleza, debe excluir toda pretensión de censura o limitación de la expresión del pensamiento, elemento indispensable de su función cultural. Esta libertad intelectual hizo posible la celebración del acto efectuado en su recinto por el Congreso de Lexicografía y es la que garantizaría la libre expresión del senador Méndez en cualquier ocasión en que ocupase la tribuna de la Docta Casa.

El Mundo, 10 de diciembre de 1969.
El Imparcial, 11 de diciembre de 1969.

IMPUGNA DECLARACIONES DEL
SECRETARIO DE INSTRUCCIÓN

Acabo de leer las palabras pronunciadas por el Secretario de Instrucción Pública, doctor Ramón Mellado Parsons, ante la conferencia anual del Distrito Rotario de Puerto Rico. No me sorprende, dada su conocida mentalidad anexionista, que el titular de Instrucción haya defendido en su discurso el proceso de americanización que ha tenido lugar en nuestro país desde 1898 hasta el presente. Lo que sí me sorprende es que a estas alturas todavía trate de ocultar sus ideas asimilistas tras una pantalla de palabras, frases y conceptos de naturaleza socio-cultural.

Después de hacer un superficial análisis comparado de las aportaciones que, a la personalidad puertorriqueña, han hecho las culturas hispánicas y anglosajonas –en el cual identifica con los Estados Unidos la idea de progreso económico y científico– el doctor Mellado concluye que lo que ha ocurrido en Puerto Rico, en lo que va de siglo, es un proceso de "enlace" entre dos culturas que ha tenido como consecuencia "el enriquecimiento" de la nuestra. El Secretario de Instrucción llama a este desarrollo el proceso de "transculturación", en acentuada contraposición a la connotación de asimilismo que a dicho término da el doctor Germán de Granda en su libro "Transculturación e interferencia lingüística en el Puerto Rico contemporáneo (1898-1968)".

A la luz de tan peculiar tesis debemos concluir que constituye un factor de "enriquecimiento" de nuestra cultura la enseñanza que –en violación de los más elementales principios pedagógicos– se imparte en inglés a alrededor de 50,000 escolares puertorriqueños que cursan estudios en nuestras escuelas privadas (no debemos olvidar que el doctor Mellado es un decidido partidario de que el Estado ayude económicamente a estas escuelas que violan la norma pedagógica de la enseñanza en español, enseñanza que él, como Secretario de Instrucción, viene obligado a defender y sostener en las escuelas públicas). El titular de Instrucción tendría también que concluir que enriquece la cultura puertorriqueña el empleo casi exclusivo del idioma inglés en los procesos industriales de la gran mayoría de las fábricas que operan en el país, el uso generalizado, y no pocas veces exclusivo, de ese idioma en el comercio y las finanzas, y la presencia en nuestro medio de más de 60,000 norteamericanos que, en su casi totalidad, ni hablan ni les interesa aprender nuestro idioma, sino imponer –como de hecho imponen– el suyo.

¿Diría también el Secretario de Instrucción que es factor de enriquecimiento de nuestra cultura el uso exclusivo del idioma inglés (salvo en los casos de imposibilidad de comunicación) en toda la esfera del Gobierno de Estados Unidos en el país? ¿Y qué opinaría de la presencia en nuestro territorio de millares de compatriotas que, después de sufrir el proceso de asimilación cultural en los Estados Unidos, al regresar a la isla se convierten en ejemplo del puertorriqueño a ser imitado por los que aquí quedaron rezagados sin haber tenido el "beneficio" de ese intenso proceso de asimilación? ¿Cómo calificaría el doctor Mellado la interferencia anormal del idioma inglés en toda nuestra vida, causa principal del empobrecimiento del léxico, de la deformación de la sintaxis y de la evidente limitación expresiva del puertorriqueño promedio, así como la existencia de cierta prensa cuyo contenido se nutre principalmente de calcos y malas traducciones de lo que se publica en Estados Unidos? ¿Consideraría el Secretario de Instrucción motivo de enriquecimiento de la cultura puertorriqueña el proceso de acaparamiento de nuestro comercio, industria, agricultura y minería, por capitales y empresarios norteamericanos, así como los múltiples factores que propician el desplazamiento y la asimilación de lo autóctono por lo norteamericano y que constituyen, por tanto, elementos disolventes de nuestra personalidad de pueblo?

El doctor Mellado parece aquietar su conciencia al señalar y denunciar el hecho de que, durante las primeras décadas del siglo, la americanización fue hecha a "todo trance" y en forma "artificial", mientras que ahora el "proceso de enriquecimiento cultural opera naturalmente". Supongo que el doctor Mellado lo que querrá decir es que al iniciarse el proceso de asimilación en el 1898 se necesitaron gobernadores y secretarios de Instrucción procedentes de Estados Unidos para adoctrinar a los "nativos", cosa que no es necesaria ahora, pues los propios dirigentes puertorriqueños, ya "transculturados", se han encargado de completar la tarea que habrá de llevarnos al ideal supremo: la final transmutación de los puertorriqueños en norteamericanos.

Pero lo más increíble de toda esta tesis de "enriquecimiento" y de "enlace" cultural defendida por el titular de Instrucción es su afirmación de que tal "evolución cultural" se ha hecho "a base de la acción selectiva de los puertorriqueños". En otras palabras, los puertorriqueños, enfrentados a varias alternativas, *libremente* hemos escogido el camino que conduce a la negación de nuestra propia personalidad. ¡Por amor de Dios, señor Mellado Parsons! ¿No sabe usted que los puertorriqueños nunca hemos tenido poder político para tomar las decisiones fundamentales que han afectado nuestra vida cultural, social y económica? ¿Desconoce usted que la ciudadanía norteamericana– el factor de mayor influencia en todo el proceso de asimilación– le fue impuesta a los puertorriqueños por el Congreso de los Estados Unidos a pesar de la oposición de nuestra Cámara de Delegados y del propio Comisionado Residente en Washington? ¿No está enterado usted de que Estados Unidos gobernaba hasta hace pocos años a Puerto Rico a través de sus Secretarios de Guerra y del Interior? ¿No es de su conocimiento que el Congreso de los Estados Unidos tiene facultades omnímodas sobre Puerto Rico? ¿Cómo es posible que todo un Secretario de Instrucción Pública –en manifiesto desconocimiento o menosprecio de los hechos históricos y de nuestra realidad política constitucional– afirme que el proceso de asimilación de nuestro pueblo, que él llama "evolución cultural", se ha realizado "a base de la acción selectiva" de los puertorriqueños? ¿Estaría el doctor Mellado también dispuesto a afirmar que el proceso de desplazamiento y asimilación que ha conducido al desafortunado pueblo hispánico de Nuevo México a convertirse en los peones, sirvientes y ayudantes de los dueños angloamericanos de ese estado, es el producto de una "evolución cultural" basada en "la acción selectiva" de los nativos de ese territorio?

Hablemos con franqueza, doctor Mellado. Usted sabe muy bien que no es posible el logro total de sus "ideales" anexionistas y asimilistas sin que se restablezca en todas las escuelas públicas y privadas de Puerto Rico la enseñanza de todas las materias en el idioma inglés. Tengo base para afirmar que tanto usted como el gobernador Ferré creen que ya estamos lo suficientemente "preparados" como para que se implante la enseñanza en inglés de las ciencias y las matemáticas en el sistema escolar público del país y de que, para ello, sólo esperan el resultado de las próximas elecciones. Hable usted con claridad, señor Secretario, y diga también lo que piensa sobre esta materia. El pueblo puertorriqueño tiene derecho a saber hacia dónde pretenden conducirlo sus actuales dirigentes.

Bohemia, 1-7 de junio de 1970.

CARTAS

AL REVERENDO PADRE BERNARD C. STUEVE

26 de septiembre de 1963

Reverendo Padre Bernard C. Stueve
Director Arquidiocesano de Escuelas Católicas
Arzobispado de San Juan

Estimado Padre Stueve:

Seguramente usted habrá leído en la prensa las declaraciones que recientemente he hecho sobre la encuesta respecto de la enseñanza en inglés en las escuelas católicas, efectuada entre los padres de los estudiantes por la oficina que usted dirige. En dichas declaraciones, de las que le incluyo un recorte, sostengo que no procede una encuesta o votación, ni siquiera entre los padres de familia, sobre una materia que es de carácter esencialmente pedagógico y científico, y mucho menos cuando las personas consultadas carecen de la debida ilustración sobre el tema en discusión.

Créame, Padre, que en toda esta jornada en defensa de la utilización del idioma vernáculo como vehículo de enseñanza en las escuelas privadas, y en la que han participado diferentes personas y entidades, a todos nos ha guiado un propósito constructivo en el orden educacional, propósito cuya realización entendemos es de suma conveniencia para la Iglesia, para Puerto Rico, y aún para los Estados Unidos.

Todos estamos plenamente conscientes de la imposibilidad de cambiar súbitamente la práctica de la enseñanza en inglés, debido a las múltiples dificultades de orden práctico que habría que afrontar para ello. Por otra parte, nadie, absolutamente nadie, niega el principio de que la enseñanza debe conducirse en el vernáculo. La única causa por la cual se ha prolongado este debate público ha sido la ausencia de un reconocimiento expreso de dicho principio por parte de las autoridades escolares católicas. Hecho este reconocimiento, simultáneamente con el señalamiento de las dificultades de orden práctico que habría que superar para darle vigencia, y con la formulación de planes encaminados a lograr la gradual transformación del sistema, el debate público no tendría ninguna razón para continuar, ya que se habría llegado a un entendido justo y satisfactorio para todos.

¿No cree usted, Padre, que no debe posponerse más la terminación de este debate? ¿No cree que tal vez podría obtenerse, del señor Arzobispo, una declaración pública concebida en los términos arriba expresados?

Mucho me interesaría conocer sus reacciones y comentarios a mis observaciones, que hago movido del mejor espíritu y con la esperanza de que puedan ayudar a una pronta terminación de todo este problema.

Le saluda respetuosamente,

Lcdo. Eladio Rodríguez Otero

CONTESTANDO AL REVERENDO BERNARD C. STUEVE

3 de octubre de 1963

Reverendo Bernard C. Stueve, S.M.
Superintendente Arquidiocesano de Escuelas Católicas
Arzobispado de San Juan

Estimado Padre:

Acuso recibo de su carta del 27 de septiembre pasado.

Afirma usted: "As I understand it, you ask that there be a public acknowledgment of the principle that teaching in the vernacular is better than teaching in a second language *per se*". Permítame indicarle que lo que yo he sugerido es una declaración pública de las autoridades eclesiásticas en que se afirme el principio de que la enseñanza debe impartirse en el idioma vernáculo. No puede interpretarse mi carta en el sentido de que creo que la diferencia entre la enseñanza en el vernáculo y la enseñanza en cualquier otro idioma consiste en que la primera es mejor que la segunda, y en que ésta pueda ser en alguna circunstancia mejor *per accidens*. La enseñanza en un idioma que no es el vernáculo es siempre nociva, *per se*.

Respetuosamente,

Lcdo. Eladio Rodríguez Otero

135

AL LCDO. ENRIQUE CAMPOS DEL TORO

11 de octubre de 1963

Lcdo. Enrique Campos del Toro
First Federal Savings

Estimado don Enrique:

Le acompaño un recorte del llamamiento que he hecho al Colegio de Abogados de Puerto Rico para que intervenga en el caso del idioma.

Estamos presenciando la rápida desintegración cultural, social y económica de los puertorriqueños. Nuestro sistema judicial, que hasta la fecha había más o menos resistido todos los embates de la ola de americanización que sigue invadiendo a nuestro país, ahora se ve amenazado por las pretensiones de un abogado norteamericano que alega, con redomada mentalidad colonialista, que una ley de 1902 le autoriza a postular en un idioma distinto al de los puertorriqueños.

Creo firmemente que debemos resistir con absoluta determinación este intento de desfigurar la integridad de nuestro idioma. Tengo la esperanza de que el compañero Abreu Castillo y la Junta de Gobierno de la Institución darán los pasos necesarios

136

para iniciar el movimiento que logre la enmienda de la antipuertorriqueña ley de 1902. Pero en caso de que los directores del Colegio no se tomen el interés que la situación amerita, un grupo de abogados debiéramos gestionar la celebración de una asamblea extraordinaria para considerar esta grave situación.

Mucho me agradará cambiar impresiones con usted para unir esfuerzos ante tan grave problema para nuestro país.

Cordialmente suyo,

Lcdo. Eladio Rodríguez Otero

A S.E.R. MONS. FREMIOT TORRES OLIVER REFUTANDO EXPRESIONES DE QUE PUERTO RICO ES UN PAÍS BILINGÜE Y BICULTURAL

17 de mayo de 1966

S.E.R. Mons. Fremiot Torres Oliver
Obispo de Ponce
Obispado
Ponce, Puerto Rico

Excelencia Reverendísima:

El diario *El Mundo* del 13 de mayo del presente publica un comunicado sobre la creación del Instituto Intercultural de Comunicaciones de la Universidad Católica de Puerto Rico. En dicha nota de prensa se citan las siguientes palabras de su Excelencia en relación con la organización del Instituto: "Los católicos puertorriqueños realizan (sic) que el Señor nos ha colocado en una posición excepcionalmente ventajosa tanto en lo geográfico *como en la naturaleza bilingüe y bi-cultural de*

138

nuestra Isla para la promoción de la comprensión y cooperación hemisférica" (énfasis del suscribiente).

No objeto los propósitos que animan al Instituto Intercultural de Comunicaciones de la Universidad Católica de Puerto Rico. Por el contrario, creo que toda actividad que fomente el entendimiento y la comprensión entre las naciones –como la del Instituto Intercultural– debe alegrar a todos los hombres de buena voluntad.

Objeto, sin embargo, muy respetuosamente, a que el señor Obispo de Ponce, hablando a su nombre y a nombre de todos los Obispos de Puerto Rico afirme como un hecho incontrovertible que nuestro país es de "naturaleza bilingüe y bi-cultural". Creo que ésta es una manifestación claramente errónea. Puerto Rico no es bilingüe ni bi-cultural. Como muy bien dijera la ilustre educadora y ya fallecida, doctora Antonia Sáez, "No hay tal cosa como pueblos bilingües, y si se apura el vocablo, no hay individuos bilingües. Ser bilingüe implica poder emplear con igual maestría y para todos los usos dos o más lenguas, incluso poder crear con ellas. Aunque haya excepciones, la excepción no excluye la regla".

"Hay pueblos que, aunque constituyen una comunidad política ejemplar, Bélgica, Suiza –pertenecen a diversas comunidades lingüísticas. En ellos la gran masa poblacional sólo domina su vernáculo y en él recibe en la escuela toda su instrucción". (*Revista del Instituto de Cultura Puertorriqueña*, julio-septiembre, 1962, número 16).

El eminente filólogo español don Samuel Gili Gaya dijo también en la citada Revista (abril-junio, 1959, número 3): "...no llamo bilingüe al que sabe dos lenguas, sino al que las *vive* desde dentro a partir de la infancia, como resultado de su educación, de su ambiente social. Una cosa es *saber* dos o más idiomas como un conocimiento superpuesto en la mente, y otra es vivirlos desde que comienzan a fundarse en el alma individual las relaciones permanentes entre pensamiento y lenguaje".

Evidentemente, si nos guiamos por los criterios de tan ilustres autoridades, Puerto Rico no es bilingüe ni bi-cultural. Somos, sencilla y llanamente, un pueblo que, como todos y cada uno de los pueblos del mundo, posee su propio idioma –y en nuestro caso, uno de los más importantes– y que conoce, en forma limitada, otro idioma: el inglés. Y por más que se subraye la influencia de lo norteamericano en la cultura puertorriqueña, me parece que es forzar la realidad decir que somos un pueblo bi-cultural.

Pero mi objeción no se circunscribe solamente a lo anteriormente expresado. Su Excelencia convendrá conmigo en que su expresión solamente es compartida por un sector de la minoría que favorece la estadidad como finalidad política para nuestra patria. Los puertorriqueños que creen en el desarrollo del Estado Libre Asociado por caminos que no conducen a la estadidad, así como los que creemos en el derecho de nuestro pueblo a su independencia, en paz y amistad con los Estados Unidos y todos los pueblos del mundo, no compartimos el criterio de Su Excelencia sobre la naturaleza cultural de nuestro pueblo.

No discuto el derecho de todos y cada uno de los puertorriqueños, desde el más humilde hasta los que ostentan las más dignas representaciones, a sustentar el criterio que su conciencia le indique como el correcto en materia de orientación política final para nuestro país. Pero como en el caso que nos ocupa Su Excelencia no habló en su carácter personal sino a nombre de su Diócesis y de todos los otros Obispos de la Isla, es decir, a nombre de todos los católicos de Puerto Rico –incluyendo a este humilde servidor– me siento en la obligación moral de expresarle mis reparos en relación con sus declaraciones.

Reciba Su Excelencia el testimonio de mi profunda estimación en Cristo.

Lcdo. Eladio Rodríguez Otero

AL SEÑOR ROBERTO DE JESÚS TORO

8 de junio de 1966

Sr. Roberto de Jesús Toro
Banco de Ponce
Ponce, Puerto Rico

Estimado Roberto:

Hace varias semanas recibí una magnífica publicación ilustrada del Banco de Ponce que contiene el informe anual de la Institución. A fines del pasado mes de mayo también recibí un estado de situación del primer trimestre del presente año.

Te felicito sincera y calurosamente por la brillante labor que has realizado en la presidencia del Banco, de la cual dan testimonio las cifras relativas a los beneficios de operaciones obtenidos así como a la situación económica general de la empresa.

Me permito, sin embargo, llamar tu atención hacia un punto sobre el cual de antemano sé que estamos de acuerdo pero que a veces –por su aparente intrascendencia– parece ser un factor incontrolado en muchas instituciones puertorriqueñas.

Me refiero al idioma utilizado en dichos informes anuales y trimestrales. Ambos están impresos solamente en inglés.

Estoy enteramente de acuerdo con que la comunicación, tanto verbal como escrita, entre el Banco de Ponce y los Estados Unidos, por razones obvias, tiene que efectuarse –con muy contadas excepciones– en el idioma de los Estados Unidos. Sé que estarás enteramente de acuerdo conmigo en que toda comunicación verbal o escrita, entre puertorriqueños, debe de efectuarse en español, no importa el grado de conocimiento que del inglés tengan las personas concernidas o su localización geográfica. Sé que coincidimos en el criterio de que, por razones de orden práctico, hay algunas ocasiones en que –debido al gran número de norteamericanos residentes en Puerto Rico que no conocen nuestro idioma– es necesario usar aquí las dos lenguas, teniendo, claro está, el cuidado de que aparezca en primer puesto nuestro idioma.

No tengo la menor duda de que el carácter monolingüe de las publicaciones a las cuales me he referido –y que han motivado esta carta– no obedece a política oficial de la empresa. Por ser ello así es que hago este planteamiento al amigo y no al Presidente del Banco de Ponce, suplicándote que sólo veas en mi intervención el deseo de cooperar con una institución tan nuestra y a la cual me unen tantos vínculos afectivos.

Te reitero mis parabienes por el éxito alcanzado y mi invariable estimación personal.

Eladio Rodríguez Otero

A DON FRANCISCO LEAL INSÚA REFUTANDO EL CONCEPTO DE UNA HONROSA CONVIVENCIA ENTRE LA CULTURA HISPANO-PUERTORRIQUEÑA Y LA ANGLOSAJONA

19 de octubre de 1966

Sr. don Francisco Leal Insúa
Director de Mundo Hispánico
Avenida de los Reyes Católicos
Ciudad Universitaria
Madrid, España

Estimado señor Leal Insúa:

La edición de *Mundo Hispánico* del pasado mes de agosto incluye una entrevista hecha por el señor Nivio López Pellón al amigo y colega Ernesto Juan Fonfrías bajo el título de "Puerto Rico, hispanismo sin claudicación".

En dicho escrito el señor Fonfrías afirma que en Puerto Rico hay "una convivencia honrosa" entre la cultura hispánico-puertorriqueña y la norteamericana "en cultivo de los valores hispánicos, en lengua, cultura y tradiciones de fronteras propias,

143

sin que se tropiecen, maculen ni orillen los de la lengua inglesa, que nuestra es en habla y convivencia".

Bastará con la siguiente exposición de hechos para demostrar que las manifestaciones del señor Fonfrías no se ajustan a
la realidad puertorriqueña.

Primero: Alrededor de cincuenta mil estudiantes que componen las tres cuartas partes de la élite socio-económica del
país estudian matemáticas, ciencias, historia, en fin, todas o
casi todas las materias, en el idioma inglés, desde la escuela
primaria hasta los niveles universitarios. El idioma español
se les enseña como asignatura. Esto ocurre en gran parte de
las escuelas y universidades privadas: católicas, protestantes y laicas. En no pocas escuelas católicas, muchas de ellas
regentadas por religiosas norteamericanas, hasta la misma
doctrina cristiana se enseña en inglés, utilizándose catecis-
mos y Biblias en lengua inglesa. Nada han hecho las autoridades educativas oficiales para transformar este sistema privado de enseñanza contrario a los más elementales principios de la pedagogía y gravemente perjudicial a la cultura puertorriqueña.

Segundo: En las facultades de Medicina y Odontología de la
Universidad de Puerto Rico se imparten todos los conocimientos en el idioma inglés y, por supuesto, todos los textos están
redactados en dicho idioma. Se alega que el inglés es el idioma
de las ciencias y que no se consiguen textos adecuados en español. En las demás facultades la enseñanza se conduce casi en
su totalidad en el vernáculo pero la mayor parte de los textos
son de lengua inglesa .

Tercero: El uso del inglés en los niveles medio y alto de la
actividad financiera, comercial e industrial es ya de tal magni-
tud que dentro de una década, de continuar el presente régimen de subordinación política, el inglés se habrá convertido
en la lengua de dichas actividades. En un nivel más amplio puede decirse que el español está prácticamente orillado en los ró-
tulos y avisos comerciales de empresas de alguna importancia,

principalmente en los núcleos urbanos. Basta con viajar por el país para confirmar esto.

Cuarto: El actual proceso de industrialización (que en su mayor parte es una extensión de la economía de los Estados Unidos en Puerto Rico) ha servido como instrumento eficaz para sustituir gradualmente nuestro idioma por el de los inversionistas, empresarios y técnicos norteamericanos.

Quinto: Son notables las dificultades que tiene el puertorriqueño promedio, y aún los mismos profesionales y universitarios, para expresarse en su propio idioma.

Los hechos expuestos son conocidos por el amigo Fonfrías y por todos los residentes en nuestro país. Resulta por lo tanto increíble que él afirme que la cultura hispano-puertorriqueña y la anglosajona mantengan en Puerto Rico "una convivencia honrosa".

Es cierto que las ramas ejecutiva, legislativa y judicial del gobierno local utilizan el español como medio de comunicación oral y escrita, y que el vernáculo es el idioma de la enseñanza en las escuelas oficiales, primarias y secundarias, pero, por otro lado, este mismo gobierno no actúa para resolver la grave situación anteriormente descrita .

Mucho lamento que *Mundo Hispánico* haya hecho circular por los países de habla española una versión tan claramente errónea sobre el estado cultural de Puerto Rico.

Le saluda con toda consideración,

Eladio Rodríguez Otero

AL HERMANO FELICIANO MERINO

24 de agosto de 1967

Hermano Feliciano Merino*
Colegio Marista
Guaynabo, Puerto Rico

Estimado Hermano:

Le incluyo fotocopia del anuncio publicado por la importante casa editora norteamericana McGraw-Hill Book Company (330 W 42nd Street, New York, New York).

El anuncio informa que esta casa ha traducido al español, y se propone seguir traduciendo, muchos de los más importantes textos escolares de lengua inglesa. El propósito principal

---

* Nota de los Editores: Un grupo de padres católicos puertorriqueños, entre los que se encontraba el licenciado Eladio Rodríguez Otero, interesados todos ellos en que sus hijos recibieran una enseñanza católica de excelencia, pero en el vernáculo, promovieron y ayudaron a establecer colegios católicos comprometidos con dicha filosofía educativa. Véase, en este mismo tema, la declaración con fecha de 3 de julio de 1962, pág. 90, y la carta pública con fecha de 26 y 28 de junio de 1962, pág. 168.

es hacer posible que los varios millones de estudiantes norteamericanos cuyo vernáculo es el idioma español (inmigrantes mexicanos, puertorriqueños, y cubanos principalmente) puedan aprender los conocimientos fundamentales en su idioma vernáculo.

Me permito sugerirle que se comunique con la casa McGraw-Hill para que le suministre el catálogo general de los libros traducidos al idioma español.

No dudo que durante los próximos dos años ya estarán listas las traducciones al español de los textos avanzados del idioma inglés para que, así, se haga realidad, en todos sus aspectos, la enseñanza en el vernáculo en las escuelas privadas de Puerto Rico en las cuales todavía se enseña en un idioma que no es el vernáculo de los estudiantes.

Tal y como le prometí hace varias semanas, muy pronto le avisaré sobre el intercambio de impresiones con altos funcionarios de la Secretaría de Instrucción Pública del gobierno de Puerto Rico en torno a los libros de texto escolares.

Como siempre, me es muy grato remitirme a sus órdenes,

Lcdo. Eladio Rodríguez Otero

Enviada también al Hermano Enrique, Director del Colegio De La Salle.

AL SEÑOR FRANK BECERRA

11 de septiembre de 1967

Sr. Frank Becerra
Asociación de Amigos de la Avenida Ashford
Condado
Santurce, Puerto Rico

Estimado amigo:

Hace algunos días leí en la prensa del país la noticia sobre la constitución de un comité de ciudadanos que hará un estudio sobre los problemas de la Avenida Ashford.

Aprovecho la ocasión para referirme a uno de los asuntos de mayor importancia en relación con dicha avenida: el del idioma. Precisamente sobre este asunto la Sociedad Arizmendi Pro Defensa del Idioma se dirigió el 13 de febrero del presente año a varios funcionarios del gobierno de Puerto Rico cursándoles un telegrama del cual le incluyo fotocopia y que se explica por sí mismo.

Le agradeceré que haga llegar este mensaje a los demás miembros del Comité que usted tan dignamente preside.

Se suscribe su amigo de siempre,

Lcdo. Eladio Rodríguez Otero

AL LCDO. ALFONSO L. GARCÍA MARTÍNEZ

22 de enero de 1974

Lcdo. Alfonso L. García Martínez
Hato Rey, Puerto Rico

Mi querido Alfonso:

Te felicito calurosamente por la magnífica carta en defensa de nuestro idioma que enviaste a don José Luis Carrión, Presidente del Banco Popular. Estas iniciativas privadas muchas veces tienen más efecto positivo que las de carácter público. Precisamente estos días volveré a hacer unos acercamientos a Luis Torres Oliver y a Ángel Luis Olivencia –los dos directores del Banco (de) Economías– para solicitar su intervención en defensa del idioma español en relación con el funcionamiento de dicho banco, el más antiguo de Puerto Rico.

Un fuerte abrazo de,

Eladio Rodríguez Otero

ENTREVISTAS

EL PRESIDENTE DEL ATENEO Y EL IDIOMA

¿Qué perspectivas le ve usted al Instituto de Lexicografía?

ERO: Magníficas. Para uno darse cuenta de su extraordinaria importancia en el presente y futuro de nuestra lengua, basta con señalar que su función primordial será la de realizar el estudio comparado de las aportaciones léxicas de cada una de las academias nacionales hispanoamericanas, con el fin de establecer las áreas lingüísticas de cada vocablo. Este Instituto será el brazo derecho de la Real Academia Española en su ingente labor de incorporar al caudal general de la lengua española las palabras que reúnan un mínimo de condiciones para ser admitidas en el Diccionario común a fin de crear —como tan acertadamente ha dicho el Secretario Perpetuo de la Real Academia, don Rafael Lapesa— un gran "corpus" lingüístico hispánico, en el que ninguna voz legítima pueda sentirse extraña.

Constituye un gran honor para Puerto Rico el que se le haya escogido como sede de este Instituto. Ello ha sido posible gracias a la ingente labor realizada por el académico don Ernesto Juan Fonfrías.

¿Está "nuestro español" en decadencia?

ERO: No. El español de Puerto Rico no está en decadencia. Lo que le ocurre es que se encuentra seriamente amenazado por la extraordinaria presión e interferencia del idioma inglés. Cuando hablamos de que un idioma está en decadencia más bien nos referimos a las lenguas que languidecen por la pérdida de su propia vitalidad, o, si se quiere, de su propia razón de ser. Por supuesto, éste no es el caso del idioma español en Puerto Rico o en parte alguna del vasto territorio en que lo hablan alrededor de 200 millones de personas.

Podría decirse que todos los idiomas están sujetos a interferencias y presiones procedentes de otros idiomas. Interferencias y presiones normales, inevitables, e incluso deseables y enriquecedoras. Pero en Puerto Rico —dada su anormal situación de subordinación política, económica y cultural a los Estados Unidos— más que interferencia lo que existe es una peligrosa pugna entre el español y el inglés, en todas las esferas de la actividad social, con sus inevitables consecuencias, tan claramente observables, de empobrecimiento del léxico, sustituciones injustificadas, distorsión de la sintaxis y timidez expresiva.

¿Por qué y a qué se debe el concepto pesimista que prevalece en el extranjero sobre el español de Puerto Rico?

ERO: Indudablemente se debe a la situación de subordinación política que vive Puerto Rico. Me parece natural que los que observan a nuestro país desde afuera, en especial desde España e Hispanoamérica, teman, al igual que nosotros, que el español vaya perdiendo terreno ante el desmedido influjo del idioma de la metrópoli.

Por supuesto, como ocurre casi siempre, hay quienes —generalmente por falta de información, o por error— llegan a conclusiones muy equivocadas, como, por ejemplo, que los puertorriqueños no hablan español o que hablan una especie de *lingua franca* o papiamento.

Creo muy afortunado para Puerto Rico y el mundo de habla española que el filólogo español Germán de Granda haya escrito su obra *Transculturación e interferencia lingüística en el Puerto Rico contemporáneo (1898-1968)*, libro que ha circulado mucho por España e Hispanoamérica y del cual el Ateneo Puertorriqueño prepara actualmente una segunda edición. La lectura de este valioso libro —de gran utilidad para los propios puertorriqueños— dará a los españoles e hispanoamericanos una clara comprensión del proceso de desplazamiento cultural que ha tenido y tiene lugar en Puerto Rico desde el 1898.

¿Está el Ateneo en plenitud, o lleva una vida lánguida?

ERO: Ni lo uno ni lo otro. El Ateneo está en pleno período de reorganización, reactivación y reevaluación de los métodos y formas que emplea para cumplir con su fundamental objetivo: fomentar y enriquecer la cultura en Puerto Rico. Esto incluye desde el reexamen de la forma en que lleva su mensaje a nuestro pueblo hasta su reorganización administrativa, el mejoramiento de sus servicios bibliotecarios, la restauración total de su valiosa colección de pinturas, la reconstrucción de su edificio y la adquisición de nuevo mobiliario y equipo.

Transcurrirán algunos años antes de que podamos afirmar que el Ateneo cumple a plenitud sus nobles y elevados propósitos. Pero estoy firmemente convencido de que esa meta debe y puede alcanzarse.

El Imparcial, 15 de febrero de 1970.
Isla Literaria, febrero-marzo de 1970.

GESTIONES COLECTIVAS

CARTAS PÚBLICAS

LA ENSEÑANZA EN INGLÉS EN LAS ESCUELAS CATÓLICAS DE PUERTO RICO

A sus Excelencias Reverendísimas monseñor Jaime Pedro Davis, Arzobispo de San Juan, monseñor Jaime Eduardo McManus, Obispo de Ponce, y monseñor Alfredo Méndez, Obispo de Arecibo.

Excelentísimos y Reverendísimos Señores Obispos:

Varios de los suscribientes somos padres de estudiantes matriculados en escuelas católicas de Puerto Rico. Todos somos católicos practicantes, interesados en la actividad educativa y en la vida cultural del país. Como tales nos dirigimos a SS. EE. RR., en su carácter de directores natos de nuestro sistema de escuelas católicas, para elevar a su consideración un serio problema, existente en dichas escuelas, que perjudica gravemente la formación de sus alumnos y el orden cultural en Puerto Rico.

La enseñanza en inglés en las Escuelas Católicas

En gran parte de las citadas escuelas, especialmente en aquéllas consideradas como de mejor cualificación académica, se utiliza el idioma inglés como medio de enseñanza. El uso del

161

inglés abarca en ellas desde el cuarto o quinto grado de enseñanza primaria hasta el último año de enseñanza secundaria, y comprende todas las asignaturas, inclusive la doctrina cristiana y la historia sagrada. Esta situación afecta a una proporción muy alta del total de 42,000 escolares matriculados en las escuelas católicas, y quienes, por la clase social y económica a la que en su mayoría pertenecen, están llamados a constituir parte importante del liderato cultural, político y económico del país.

Este sistema de enseñanza en inglés, vigente hoy en gran parte de las escuelas católicas, es el mismo que, con variantes de escasa importancia, funcionó en las escuelas públicas de Puerto Rico desde 1898 hasta 1949. En este último año, y como culminación de un prolongado movimiento de protesta que fue expresión del sentir unánime y espontáneo de nuestro pueblo, y en el que se destacaron nuestros más distinguidos pedagogos, intelectuales y dirigentes culturales, la Secretaría de Instrucción Pública adoptó en las escuelas públicas el uso del español como medio de enseñanza.

No se trató entonces, ni hasta la fecha se ha tratado, por parte de las autoridades educativas del Gobierno de Puerto Rico, de extender tal reforma pedagógica a las escuelas privadas, a pesar de que tal actuación entraría en la esfera de los poderes legales del Gobierno. Esta tolerancia se ha debido tal vez al propósito de intervenir lo menos posible en la escuela privada, o a la esperanza de que ésta adoptara en su propio ámbito, por libre y espontánea decisión, idéntica reforma. Las razones que determinaron el cambio en la escuela pública eran y son igualmente válidas para justificar el cambio en las escuelas privadas. ¿Cuáles son estas razones? Citemos algunas de las expresadas por varias autoridades educativas de prestigio internacional.

Razones pedagógicas para le enseñanza del español

"Es en torno de la lengua aprendida en el regazo de la madre que gira la entera vida del sentimiento, la emoción y el pensamiento". —"Las palabras deben estar bien arraigadas en la vida para ser vivas; y como no tenemos dos vidas sino sólo una, así sólo tenemos un idioma: todos los otros idiomas que podamos adquirir son subsidiarios de la lengua materna, y su principal valor en la educación de la juventud consiste en que ayudan a destacar el carácter de la propia lengua como medio lógico de pensar, a comprenderla como pensamiento y a sentirla como arte literario" (S.S. Laurie, pedagogo escocés, citado por don Epifanio Fernández Vanga en su obra *El idioma de Puerto Rico y el idioma escolar de Puerto Rico*, San Juan, 1931, págs. 97-98, 83 y 97).

Confirma la opinión que acabamos de transcribir la autoridad del pedagogo norteamericano F.C. Woodward, quien, a lo dicho por su colega escocés, agrega: "La lengua vernácula jamás debe ser considerada en las escuelas como una asignatura subalterna o alternable con otras. Por virtud de ser la lengua materna, su conocimiento y su estudio son un requisito previo, una condición preliminar para emprender cualquier otra clase de estudios; todos los otros estudios están supeditados a ella; ella se reserva el derecho de coordinarlos y dirigirlos a todos. Decir que el conocimiento de la lengua materna es un requisito previo, indispensable, para el éxito en el estudio de todas las demás asignaturas es casi tan axiomático como decir que un hombre, para caminar, necesita tener piernas" (obra citada, págs. 107-108).

Estos puntos de vista han sido consagrados, en forma oficial, en el Informe redactado por una comisión de expertos nombrada por Sir H.A.L. Fisher, Presidente de la Junta de Educación de Inglaterra. Luego de realizar una amplia investigación acerca de la posición que, en el sistema educativo inglés, ocupaba el idioma del país, la Comisión llegó, entre otras, a las siguientes conclusiones:

"Uno de los hechos más obvios, y que debemos tener en cuenta, es que la educación en el idioma vernáculo es, para todo pueblo, una cuestión del más vital interés; y que tal educación, por su misma naturaleza, debe tener precedencia sobre todas las demás ramas del saber. Es una verdad evidente que hasta que un niño no ha adquirido cierto grado de dominio sobre su propia lengua no puede hacerse posible ningún progreso educativo. Si el progreso de un niño en el estudio de la aritmética, la historia o la geografía se detiene, el niño quedará atrasado solamente en ese aspecto, pero podrá subsanar la deficiencia más tarde. Pero la deficiencia en el lenguaje significa una deficiencia de medios de expresión y del mismo pensamiento... El lenguaje vernáculo, pues, no sólo no es materia de importancia inferior, o tiene la misma categoría que las demás ramas de la educación, sino que es el fundamento y requisito indispensable de todas las demás". "Se nos podría objetar —agrega la Comisión— que aunque el conocimiento de la lengua materna es una condición previa necesaria para nuestra educación, ése es un conocimiento que puede darse por descontado en los alumnos, porque forma parte de ellos como el aire que respiran y el terreno que pisan. Este punto de vista ha sido rechazado no solamente por personas versadas en literatura, sino también por los numerosos hombres prácticos y de negocios que hemos consultado". Y termina la Comisión diciendo: "Insistimos acerca de la necesidad fundamental del conocimiento del idioma vernáculo para el desarrollo completo de la mente y de la personalidad de los niños, e insistimos en la verdad fundamental de que el uso del idioma vernáculo no se adquiere espontáneamente, sino que es un arte, una de las bellas artes, y debe ser enseñado como tal" (obra citada, págs. 115 y 116).

El educador puertorriqueño Pedro A. Cebollero, quien por varios años fue Decano de la Facultad de Pedagogía de la Universidad de Puerto Rico, escribe lo siguiente en su libro *La política lingüístico-escolar de Puerto Rico*, publicado en 1945: "El uso del vernáculo está íntimamente ligado al desarrollo de la personalidad del niño. La privación de oportunidades para utilizarlo con satisfacción, y la sustitución total o parcial del vernáculo por otro idioma, constituyen obstáculos para la integración de la personalidad del niño, cuya consecución eficaz es una de las principales funciones de la educación". "La alegación —continúa Cebollero— de que todas las asignaturas de la escuela deben enseñarse en inglés, con el fin de proveer práctica en este idioma, equivale a admitir que el sistema educativo de Puerto Rico no existe principalmente sino para los fines de enseñar el inglés, más bien que para dotar al niño puertorriqueño de una educación completa. Para comprender lo absurdo de esta tesis, bastará imaginarse cómo recibiría cualquier comunidad norteamericana la proposición de que todas las asignaturas del programa se enseñasen en francés o en español, con el fin de que los niños practicaran el idioma extranjero objeto de su estudio". "El intento de subordinar todas las actividades escolares al propósito de enseñar inglés, usando este idioma como vehículo —concluye Cebollero— es la negación de todos los principios de la educación moderna" (págs. 122, 166 y 117).

Actitud de los dirigentes de las escuelas católicas de Puerto Rico

La esperanza de que las escuelas católicas adoptaran también la enseñanza en español quedó frustrada. Oponiéndose a los dictados de la ciencia pedagógica, al sentir del pueblo puertorriqueño, y, lo que es más grave aún, a la propia tradición católica de respeto a los idiomas vernáculos, las escuelas católicas (con notables excepciones), no sólo han mantenido la enseñanza en inglés, sino que la han intensificado aún más, e incluso han llegado a enorgullecerse de un sistema de enseñanza que constituye "la negación de todos los principios de la pedagogía moderna". Este tipo de escuela convierte paulatinamente el inglés en la lengua de la cultura, al paso que el español se va reduciendo a la categoría de idioma propio para uso familiar, popular y folklórico.

En este proceso de sustitución de nuestra lengua por el inglés ya se perfila una segunda y aun una tercer etapa. En opinión de algunas religiosas profesoras de colegios católicos, incluso la enseñanza de todas las asignaturas en inglés resulta insuficiente para lograr el propósito de que los niños aprendan un inglés impecable. Ya hay entre esas religiosas quienes tratan de influir en los padres de los alumnos para que hablen entre sí y con sus hijos en inglés, en su propia casa, a fin de proveer condiciones más favorables para la mayor proficiencia de los niños en ese idioma. La cosa va más lejos todavía. Anteriormente mencionamos el hecho de que en muchos colegios católicos se enseña en inglés hasta el catecismo y la historia sagrada. Pues bien, ya puede observarse a estudiantes de nuestras escuelas católicas utilizando misales en inglés. Y recientemente un reducido, pero significativo, grupo de alumnos de un colegio en Santurce (estudiantes que siempre han residido en Puerto Rico) solicitaron del confesor (un sacerdote de habla hispana) que les confesara en inglés.

Una posición insostenible

No hay razones que puedan justificar esta situación anómala y contraria a los mejores intereses de nuestros niños, de Puerto Rico, y de la misma Iglesia, situación que entendemos es única en los anales de la catolicidad. El mantenimiento de la enseñanza en un idioma distinto del vernáculo no se puede apoyar en los principios y tradiciones de la Iglesia, cuya vocación es universal; ni en las directrices de los Sumos Pontífices, que son claramente favorables al respeto, protección y estímulo que obispos, misioneros, religiosos y seglares deben a las culturas e idiomas autóctonos; ni en norma o disposición alguna de la Jerarquía Católica de Estados Unidos, pues ésta no tiene jurisdicción sobre Puerto Rico; ni en la necesidad de acatar alguna norma del Gobierno de los Estados Unidos, pues no existe ley alguna del Congreso de los Estados Unidos relativa al idioma que deba usarse en las escuelas, públicas o privadas, de Puerto Rico.

Los padres católicos no han pedido ese sistema

Rechazamos la alegación de que son los padres de familia quienes han impuesto ese sistema a la escuela católica. Lo que la gran mayoría de los padres, por razones obvias, demanda en este sentido de la escuela (pública o privada, católica o no católica) es que enseñe bien el inglés. Ningún padre bien informado puede exigir que, para el propósito de enseñar bien un idioma diferente al materno, la escuela adopte y mantenga un sistema que, por el hecho de lesionar gravemente el idioma materno, jamás se ha establecido, para dicho propósito, en ningún país del mundo, inclusive en los Estados Unidos. "El uso de un idioma extraño como vehículo" —dice Cebollero— "se justifica cuando el vernáculo no permite la expresión de conceptos científicos o sociales, por la escasez de expresiones adecuadas, como ocurre en algunas tribus de África. No existe situación escolar alguna en el mundo en la que se intente usar un vehículo extraño para la educación cuando el vernáculo es un idioma tan rico como el español" (obra citada, pág. 116). Según estadísticas aportadas por el mismo pedagogo, Francia fue la única potencia que, en sus antiguas colonias africanas, impuso su propio idioma (el francés) como medio de enseñanza en las escuelas. El uso del vernáculo fue respetado por Bélgica e Inglaterra en el Congo, Kenya, Uganda, y Tangañica. Creemos que merece por lo menos igual respeto la lengua en que hablaron los Reyes Católicos, Alonso Manso, y Juan Ponce de León, Santa Rosa de Lima, Sor Juana Inés de la Cruz, Cervantes, Santa Teresa, Diego de Torres Vargas, Fray Íñigo Abbad, Ramón Power, y Juan Alejo de Arizmendi.

La tradición educativa de la Iglesia

Es gloriosa la tradición educativa de la Iglesia Católica, y en los últimos siglos han brillado, como precursores y fundadores de los modernos sistemas de enseñanza, figuras tan ilustres como Santa Ángela Merici, San Ignacio de Loyola, San José de Calasanz, San Juan Bautista de La Salle —considerado como el Padre de la Moderna Pedagogía— Santa Magdalena Sofía Barat, y el Beato Marcelino Champagnat.[1] Es doloroso que, contando con tales antecedentes, nuestra escuela católica, que pudo y debió haber sido no sólo la colaboradora sino la iniciadora del movimiento que llevó a la adopción del español como idioma de la enseñanza en Puerto Rico, mantenga una posición contraria al régimen pedagógico vigente en la escuela pública y cuya aplicación a todo el sistema educativo de Puerto Rico es de vital importancia para la formación de nuestros niños, el porvenir de la cultura puertorriqueña y el bienestar de la religión misma.

El derecho natural de los padres

Si los padres de familia no han expresado antes su protesta ante esta situación ha sido por el temor a que la misma pudiese interpretarse como acto de irreverencia contra la Jerarquía Eclesiástica y los religiosos o religiosas que regentan la mayor parte de los colegios católicos. Pero no hay ni puede haber tal cosa en un movimiento enderezado a solicitar, de las autoridades eclesiásticas, el reconocimiento y garantía de un clarísimo derecho natural: el de exigir que la escuela utilice para la enseñanza el idioma de los padres y sus hijos. Entendemos que el derecho de los padres a exigir esto es tan evidente como el que tienen a demandar de la escuela, pública o privada, que respete y reconozca su fe religiosa.

El mismo derecho lo tienen, por supuesto, las familias de habla inglesa residentes en Puerto Rico.

---

[1] Con posterioridad a este escrito fue canonizado.

Petición

En atención a lo anteriormente expuesto solicitamos respetuosamente, de Sus Excelencias Reverendísimas, que se dignen tomar las providencias necesarias para hacer posible la adopción, por parte de las escuelas católicas de Puerto Rico, del español como medio de enseñanza.

Nuestra petición es legítima: solicitamos que, en nuestra propia tierra y de acuerdo con los principios y tradiciones de la Iglesia Católica, se nos reconozca el derecho de utilizar para la enseñanza, en nuestras propias escuelas, nuestro propio idioma.

Respetuosamente,

Lcdo. Eladio Rodríguez Otero
Dra. Antonia Sáez
Dr. Alberto Cibes Viadé
Ana Elisa Lavandero de Ramírez
Lcdo. Alfonso L. García Martínez
Lcdo. Roberto Beascoechea Lota
Ing. Carlos Lázaro García
Dr. Virgilio Fossas
Pedro Juliá Pasarell
Pilar Combas de Juliá
Julia Combas Guerra
Lcdo. Raúl Tirado Rodríguez
Lcdo. José Quiñones Elías
Jorge Pérez Otero
Pedro Virella Rojas

El Mundo, El Imparcial, 26 y 28 de junio de 1962.
The San Juan Star, 4 de julio de 1962.

PIDEN ENSEÑANZA EN UPR SEA PREFERENTEMENTE EN ESPAÑOL

El Movimiento iniciado hace algún tiempo en favor de que la enseñanza se imparta en español en las escuelas de Puerto Rico ha sido extendido hasta la Universidad. En un mensaje público que dirigen catorce personas al rector Benítez solicitan que se ponga en vigor el acuerdo del Consejo Superior de Enseñanza del 23 de septiembre de 1942 recomendando que "la enseñanza en la Universidad se haga preferentemente en la lengua española".

El mensaje está firmado por las siguientes personas:

Los licenciados Eladio Rodríguez Otero, Roberto Beascoechea Lota, José S. Alegría, Alfonso L. García Martínez, Raúl Tirado Rodríguez, J.J. Bravo Abreu, José Quiñones Elías y Emilio Rodríguez Colón.

Firman también los doctores Pedro Muñoz Amato, Héctor M. Dávila Alonso, Antonia Sáez, Virgilio Fossas, Rafael Navarro Cádiz y Jorge Muñoz.

Otras firmas en el documento son las de Luis M. Rodríguez Morales, Lilianne Pérez-Marchand de Marín, Lorenzo Homar, Jorge Pérez Otero y Mario Torres.

El texto del mensaje dirigido al Rector dice como sigue:

Para la conservación de nuestro idioma se requiere el esfuerzo común de todas las instituciones educativas, públicas y privadas, en los diferentes niveles de la enseñanza. De acuerdo con el principio de que en cada país la lengua vernácula debe ser el medio de comunicar los conocimientos, solicitamos de usted que ponga en vigor, en todas las escuelas profesionales de la Universidad de Puerto Rico, el acuerdo del Consejo Superior de Enseñanza del 23 de septiembre de 1942 recomendando que "la enseñanza en la Universidad se haga preferentemente en la lengua española". También sería de interés público, y de sana influencia educativa en esas escuelas, que reafirmara usted sus declaraciones, hechas en la citada reunión del Consejo, sobre la responsabilidad que tienen los profesores puertorriqueños de adiestrarse bien en su propio idioma para dar sus clases.

El Mundo, 5 de julio de 1962.

A MONSEÑOR FÉLIX RÍOS TURRADO Y A SISTER IMMACULATE, O.P., DIRECTORES DE LA ACADEMIA SAN JOSÉ, DE VILLA CAPARRA: SOBRE LA ENSEÑANZA EN INGLÉS

En reciente edición del *San Juan Star* aparece la noticia de que el Departamento de Instrucción Pública ha elogiado la Academia San José, de Villa Caparra, por ser la primera escuela en Puerto Rico "specifically built to match the curriculum" (sic). En la información no se consigna, sin embargo, el hecho de que en la Academia San José la enseñanza se imparte en un idioma que no es el vernáculo de los estudiantes, en el idioma inglés, cosa que ciertamente no puede contar con la aprobación del Secretario de Instrucción Pública, señor Cándido Oliveras, quien recientemente reafirmó la posición que su Departamento mantiene en esta materia al declarar que: "La norma pedagógica establecida por el Departamento de Instrucción Pública de Puerto Rico es que debe usarse el vernáculo como medio de enseñanza tanto en las escuelas públicas como en las privadas" (*El Imparcial*, 3 de julio de 1964).

Dirigimos a ustedes esta carta pública en su carácter de directores de la Academia San José, por ser ésta una de las más destacadas escuelas privadas del país que aún mantienen

172

un sistema de enseñanza reñido con principios pedagógicos universalmente válidos; reñido con la cultura puertorriqueña y reñido también con los principios y tradiciones educativas de la Iglesia Católica.

Hace dos años un grupo de ciudadanos católicos dirigió a los entonces prelados de San Juan, Ponce y Arecibo, los señores obispos Davis, McManus, y Méndez, una carta pública en la que se afirmaba: "El mantenimiento de la enseñanza en un idioma distinto del vernáculo no se puede apoyar en los principios y tradiciones de la Iglesia, cuya vocación es universal, ni en las directrices de los Sumos Pontífices, que son claramente favorables al respeto, protección y estímulo que obispos, misioneros, religiosos y seglares deben a las culturas e idiomas autóctonos; ni en norma o disposición alguna de la Jerarquía Católica de los Estados Unidos, pues ésta no tiene jurisdicción sobre Puerto Rico; ni en la necesidad de acatar norma alguna del Gobierno de los Estados Unidos, pues no existe ley alguna del Congreso de los Estados Unidos relativa al idioma que deba usarse en las escuelas públicas o privadas de Puerto Rico".

Los principios expuestos en la referida carta pública jamás fueron desmentidos, impugnados o controvertidos por persona o autoridad alguna. Son principios que ni entonces, ni ahora, ni nunca, podrán ser negados por nadie. En la referida carta se apoyaba, como apoyamos ahora, la intensificación de la enseñanza del inglés en nuestras escuelas privadas y públicas, dado la especial importancia que este idioma tiene para los puertorriqueños.

Están en orden, por tanto, las siguientes preguntas: ¿Por qué razón sigue utilizando la escuela que ustedes dirigen un sistema de enseñanza que, según la autoridad de los más distinguidos pedagogos de Puerto Rico, de Estados Unidos, y de todo el mundo, constituye un obstáculo para la integración de la personalidad del niño; que produce una grave deficiencia de medios de expresión y que significa la negación de los más elementales principios de la educación?

¿Por qué razón la Academia San José insiste en mantener un método que ha sido reprobado por el Secretario de Instrucción Pública, por la Asociación de Maestros y por toda la intelectualidad del país?

¿Qué razones puede tener la Academia San José para seguir utilizando un método que amenaza con reducir nuestro idioma a la mera categoría de lengua para usos domésticos, populares y folklóricos? ¿Qué razones puede tener para contradecir y descartar en esta forma las normas de respeto a las culturas autóctonas preconizadas por Benedicto XV, Pío XI, Pío XII, Juan XXIII y el Pontífice reinante?

¿Qué razones tiene la Academia para rechazar, en el orden educativo, el espíritu de universalidad que ha motivado a los Padres del Concilio Ecuménico Vaticano Segundo a propugnar incluso la utilización de lenguas vernáculas en los ritos y ceremonias de la sagrada liturgia?

Con todo el respeto y cordialidad preguntamos a usted, Monseñor Ríos: ¿Cómo se recibiría en España la propuesta de que en sus escuelas se enseñasen en inglés todas las materias? Con todo respeto y cordialidad preguntamos a usted, Sister Immaculate: ¿Cómo se recibiría en los Estados Unidos la propuesta de que en sus escuelas se enseñasen en español todas las asignaturas?

Apelamos a su sentido de equidad, a su responsabilidad intelectual y a sus sentimientos cristianos para que reflexionen sobre lo que significa en el orden de la justicia, en el orden de la cultura, y en el orden de la caridad, el método de enseñanza que para niños puertorriqueños mantiene la Academia San José, de Villa Caparra, y le invitamos a meditar sobre las siguientes palabras vertidas por el Secretario de Instrucción Pública en sus recientes declaraciones: "La norma de emplear el vernáculo como medio de enseñanza es buena no sólo para las escuelas públicas de Puerto Rico sino también para las escuelas privadas. Abrigamos la esperanza de que continúen mermando las excepciones en la aplicación de esta correcta norma pedagógica".

Doctora Antonia Sáez
Licenciado José Paniagua Serracante
Doctor Alberto Cibes Viadé
Licenciado José A. Bravo Abreu
Licenciado Eladio Rodríguez Otero
Doctor José Manuel Lázaro
Doctora Margot Arce de Vázquez
Licenciado Roberto Beascoechea Lota
Doctor Rafael Navarro Cádiz

El Mundo, 17 de julio de 1964.

SEGUNDA CARTA PÚBLICA A MONSEÑOR FÉLIX RÍOS TURRADO Y A SISTER IMMACULATE, O.P., DIRECTORES DE LA ACADEMIA SAN JOSÉ, DE VILLA CAPARRA: SOBRE LA ENSEÑANZA EN INGLÉS

Con fecha de 14 de julio pasado dirigimos a ustedes una carta pública en la que les suplicábamos reflexionar sobre lo que significa el método de enseñanza en inglés que, para niños puertorriqueños, mantiene la Academia San José, de Villa Caparra, y les invitábamos a considerar las recientes palabras del Secretario de Instrucción Pública: "La norma de emplear el vernáculo como medio de enseñanza es buena no sólo para las escuelas públicas de Puerto Rico sino también para las escuelas privadas".

Ha transcurrido alrededor de un mes desde la publicación de nuestra carta sin que, hasta la fecha, se haya justificado, ante la opinión pública, el mantenimiento, en la Academia que ustedes dirigen, de un sistema de enseñanza reñido con los más elementales principios pedagógicos, así como con la cultura puertorriqueña y con los principios y tradiciones educativos de la Iglesia Católica.

En defensa del sistema que rige en la Academia San José han aparecido, sin embargo, en *El Mundo* del 28 de julio, unas declaraciones del licenciado Jorge Luis Córdova Díaz que pretenden exonerar de responsabilidad intelectual y moral a los directores de la Academia, manifestando que los únicos responsables del sistema que en ella impera son los padres de los alumnos en virtud del derecho natural absoluto que tienen sobre la educación de sus hijos, derecho absoluto que, según el licenciado Córdova Díaz, está reconocido por la iglesia y debe prevalecer sobre la ciencia pedagógica, las opiniones de las autoridades en la materia, y la experiencia educativa universal.

Según el amigo Córdova Díaz la voluntad omnímoda de los padres de familia, y el dinero con que éstos contribuyen al sostenimiento del plantel, son los factores determinantes del sistema educativo de la Academia San José y deben serlo en todas y cada una de las escuelas privadas de Puerto Rico. Como consecuencia, los directores y el profesorado de la Academia San José quedan reducidos a la condición de meros administradores, sin tener siquiera el derecho de hacer valer, en el desempeño de su función educativa, la más elemental y universal de las normas que rigen el proceso de la enseñanza: la transmisión de los conocimientos en el vernáculo de los estudiantes.

Parece increíble, pero, de acuerdo con la tesis del licenciado Córdova Díaz, el hecho de la paternidad, o la condición de contribuyente al sostenimiento de una escuela, confiere una autoridad tan extensa en materia pedagógica que, ante ella, tiene que doblegarse la ciencia de los doctos y profesionales en la materia, quienes, en ese caso, se supone que sean Sister Immaculate y el cuerpo de profesoras del plantel. Estamos seguros de que ni usted, monseñor Ríos, ni usted, sister Immaculate, aceptarán como válida esta defensa de la Academia San José, pues la aceptación de la misma significaría, por parte de ustedes, la claudicación no solamente de la responsabilidad educativa sino del propio oficio pedagógico.

No es cierto —como sugiere el amigo Córdova Díaz— que la Iglesia enseñe que los padres pueden educar a sus hijos a su pleno arbitrio. La Iglesia condena la intervención irrazonable del Estado en la educación y también condena las pretensiones irrazonables de los padres sobre sus hijos. La Iglesia no admite ninguna clase de totalitarismo; ni el del Estado ni el de los padres. El derecho educativo de los padres no puede ser absoluto o despótico. Véase al efecto la Encíclica de Pío XI *Divini Illius Magistri*.

No es la voluntad de los padres de familia, ni la de los maestros, ni la del Secretario de Instrucción Pública, ni la del Gobernador, ni la de las Cámaras Legislativas, ni la de los sacerdotes, ni la de la Jerarquía Eclesiástica, ni la del Colegio de Cardenales, ni la del mismísimo Papa, lo que determina el idioma en que deba enseñarse a los niños (en Puerto Rico o en cualquier otro país); lo que determina el idioma de la enseñanza es un simple hecho: la lengua vernácula de los estudiantes. Y es que en este asunto coinciden el sentido común y la ciencia pedagógica. Sobre esta materia no cabe tener opiniones propias ni diferencias de criterio entre intelectuales y no intelectuales, feligreses o no feligreses, padres de familia o maestros, ricos o pobres, católicos o no católicos, cristianos o gentiles. Es por estas razones que a los niños de Francia —tanto en las escuelas públicas como en las privadas— se les enseña en francés, que a los de Alemania se les enseña en alemán, que a los de Estados Unidos se les enseña en inglés, a los del Japón se les enseña en japonés, que a los de China se les enseña en chino, a los de Suecia se les enseña en sueco y, a los de Puerto Rico, en español, excepto a los niños de la Academia San José y otras escuelas privadas que, como ésta, se empeñan en dar la espalda a la realidad cultural puertorriqueña, a la ciencia pedagógica y al sentido común.

Una pedagogía desvinculada del sentido común y de la realidad cultural conduce a aberraciones increíbles, como el hecho de que la Academia San José presentara, hace algún tiempo, en el auditorio del Colegio de Ingenieros de Puerto Rico, la obra teatral *La Casa de Bernarda Alba*, de Federico García Lorca, en una versión inglesa que representaron alumnos puertorriqueños de dicha escuela para un público de habla española. Lo que este hecho significa, dentro de la realidad cultural del país, solamente puede medirse en términos de comparación, como, por ejemplo, el que en Londres o en Boston estudiantes ingleses o norteamericanos, actuando para un público de habla inglesa, representasen una obra de Shakespeare traducida al español. ¡Increíble!

Como hemos probado, los argumentos ofrecidos por el licenciado Córdova Díaz en defensa de la enseñanza en inglés son totalmente inválidos. Por tanto, apelamos otra vez al sentido de equidad, a la responsabilidad intelectual y a los sentimientos cristianos de usted, monseñor Ríos Turrado, y de usted, sister Immaculate, para que mediten lo que significa en el orden de la justicia, la cultura y la caridad, el método de enseñanza que, para niños puertorriqueños, mantiene la Academia San José, de Villa Caparra.

Lic. Eladio Rodríguez Otero
Dra. Margot Arce de Vázquez
Lic. Roberto Beascoechea Lota
Lic. José Paniagua Serracante
Lic. Antonio R. Barceló, hijo
Dr. Rafael Navarro Cádiz
Lic. José A. Bravo Abreu
Dr. Alberto Cibes Viadé
Lic. Alfredo Álvarez Linares

El Mundo, 20 de agosto de 1964.

AL PRESIDENTE DE LA UNIVERSIDAD CATÓLICA DE PUERTO RICO, MONSEÑOR THEODORE E. McCARRICK: SOBRE LOS PRINCIPIOS EDUCATIVOS, LAS NORMAS DE LA IGLESIA Y LA ENSEÑANZA EN INGLÉS EN LAS ESCUELAS CATÓLICAS

Monseñor Theodore E. McCarrick
Presidente de la Universidad Católica

Estimado monseñor McCarrick:

En sus recientes manifestaciones publicadas en *El Mundo* vuelve usted a soslayar los planteamientos que le hiciéramos en nuestras últimas declaraciones. Como Presidente de la Universidad Católica de Puerto Rico debería usted dar a conocer su criterio sobre el sistema educativo vigente en gran parte de nuestras escuelas católicas, que en contraposición a los más elementales principios pedagógicos, las encíclicas papales y las normas promulgadas por el Concilio Ecuménico Vaticano Segundo , así como a la política educativa del Estado Libre Asociado de Puerto Rico, persisten en enseñar matemáticas, ciencias, historia, religión, y, en fin, todas las

asignaturas, en inglés, o sea, en un idioma que no es el vernáculo de los puertorriqueños. (No nos referimos a la enseñanza
del inglés sino a la enseñanza *en* inglés. En Puerto Rico nadie
se opone a la enseñanza del inglés. Creemos como usted que
"mientras más idiomas sepa una persona y más culturas co-
nozca, más completa será su preparación". Esta es una razón
más no sólo para que nuestros escolares aprendan el idioma
inglés, sino también para que aprendan español aquellos de
sus profesores o profesoras que ignoran esta lengua.)

¿Qué se quiere decir con bilingüismo?

Como Presidente de la Universidad Católica también debería usted aclarar si el bilingüismo que usted propugna es
el adecuado conocimiento por nuestro pueblo de un idioma
que no es su vernáculo —sobre lo cual no habría desacuer-
do— o la artificial equiparación de los dos idiomas, verdadera antesala de la subordinación del español al inglés, como
en el trágico caso de la población hispánica del estado de
Nuevo México.

En la eventualidad de que usted respaldara la aplicación a
Puerto Rico de cualquiera de estas dos últimas acepciones del
bilingüismo, debería usted igualmente aclarar cómo puede
conciliarse su posición con las normas católicas respecto a la
conducta que eclesiásticos, religiosos y seglares deben observar en relación con la cultura autóctona del pueblo en el cual
viven o ejercen su apostolado. Según el Concilio Vaticano
Segundo (artículo 21 del *Decreto sobre la Actividad Misionera de la Iglesia*) este apostolado debe expresarse "en el ambiente de la sociedad y la cultura patria, según las tradiciones de la nación" (es decir, en nuestro caso, Puerto Rico).
"Tienen —sigue diciendo el *Decreto*— que conocer esa cultura, sanearla y conservarla... y perfeccionarla en Cristo, para
que la fe cristiana y la vida de la Iglesia no sean ya extrañas
a la sociedad en que viven, sino que empiecen a penetrarla y
transformarla". Y refiriéndose específicamente a los misione-

ros, expresó el Papa Pío XI, hace ya más de cuarenta años, en su encíclica *Rerum Ecclesiae*, del 28 de febrero de 1926: "Entre las cosas que el misionero debe tener bien en cuenta, la primera es evidentemente la lengua del pueblo a cuya salvación se va a consagrar. No debe, pues, contentarse con un conocimiento superficial de dicha lengua, sino que debe poseer tal conocimiento que le permita hablarla de un modo expedito y correcto..."

Las normas de la Iglesia

Preguntamos a monseñor McCarrick: ¿No incurren en la violación de estas normas de la Iglesia las escuelas católicas de Puerto Rico que aún se resisten a adoptar el método correcto de la enseñanza en el vernáculo? Preguntamos además: ¿No está en franca contradicción con dichas normas la actitud de las profesoras y los profesores religiosos procedentes de los Estados Unidos que persisten en negarse a aprender nuestro idioma? Se plantea una pregunta mucho más general: ¿Cree acaso monseñor McCarrick que Puerto Rico debe ser el único país en el mundo donde no se apliquen las normas pontificias y conciliares que hemos señalado? Si así lo estima, debe dar a conocer al país las razones sobre las cuales fundamenta su posición.

Llama la atención el hecho de que el Presidente de una institución universitaria que lleva el nombre de Puerto Rico dedique gran parte de su actividad al empeño de resolver los problemas hemisféricos, y hasta mundiales, mientras elude el plantearse uno de los problemas fundamentales del país en el cual dicha universidad está ubicada: el de la defensa y enriquecimiento del idioma y la personalidad cultural puertorriqueña. Estos valores no se defienden con el solo hecho de invocar —como con tanta frecuencia se hace— el ilustre nombre de nuestro primer obispo: don Alonso Manso.

Mentalidad preconciliar

Dice usted que no tiene certeza de que seamos sinceros en nuestros planteamientos y que sólo buscamos publicidad. Preguntamos: ¿Con qué autoridad se erige usted en juez de nuestras intenciones? Nos asombra que, recién llegado al país y ocupando un cargo de tanta responsabilidad, asuma actitudes olímpicas propias de eclesiásticos de mentalidad preconciliar, y se permita formular públicamente, y con tanta ligereza, juicios sobre personas que, además de ser puertorriqueños por nacimiento, formación, dedicación y afecto, no son desconocidas en Puerto Rico. Alega usted que el grupo suscribiente le cursó hace algún tiempo una comunicación privada, y que recibimos una carta suya instándonos a ir a Ponce a sostener un intercambio de ideas. Lamentamos mucho vernos obligados a negar su afirmación. Este grupo jamás ha intercambiado comunicaciones privadas de clase alguna con usted. Lamentamos, además, tener que decir que constituye un recurso muy poco intelectual, y contrario al diálogo cristiano, el que usted lleve la controversia al terreno personal y a detalles que, aunque fuesen ciertos, resultarían absolutamente nimios e insustanciales mientras elude los temas del debate.

La cultura de Puerto Rico y el prestigio de la Iglesia

En cuanto a la invitación que ahora nos hace, de visitarle, pero "sin publicidad ni ruidos", queremos manifestarle que aún cuando agradecemos mucho la misma, lo que está en discusión no es materia privada ni mucho menos secreta, sino de carácter eminentemente público cuyo análisis objetivo y sereno, sin personalismos, tiene nuestro pueblo derecho a conocer para su mejor ilustración y provecho. Creemos, por tanto, que lo adecuado sería que el intercambio de ideas se realizara en foro público a celebrarse en la propia Universidad Católica, en el Ateneo Puertorriqueño, en el Colegio de Abogados, o en

cualquier otro lugar que tuviese usted a bien escoger. Seguramente convendrá con nosotros en que este foro tendría que
responder al espíritu de renovación reinfundido a la Iglesia
por Juan XXIII, y mantenido y desarrollado por Paulo VI. Re-
cordamos, al efecto, que, instruyendo a los católicos sobre cómo
deben conducirse en su diálogo con los no católicos en el campo económico, social y político, aconsejó el autor de la magna
encíclica *Pacem in Terris*: "Muéstrense hombres capaces de va-
lorar con equidad y bondad las opiniones ajenas". Si estas vir-
tudes deben informar nuestro diálogo con los no católicos, ¿con
cuánta mayor razón no deberán inspirar la confrontación de
ideas entre los mismos de la Iglesia?

Tenemos fe en que la discusión serena y desapasionada ayudará a resolver el problema planteado según lo exigen la formación integral de nuestra juventud, el desarrollo cultural de
Puerto Rico, y el prestigio de la Iglesia.

Con nuestra mayor consideración,

Licenciado Eladio Rodríguez Otero
Licenciado Rodolfo Cruz Contreras
Licenciado Roberto Beascoechea Lota
Licenciado José Quiñones Elías
Doctor Rafael Navarro Cádiz
Licenciado Alfredo Álvarez Linares
Licenciado José Paniagua Serracante
Licenciado Héctor Ramos Mimoso
Licenciado Antonio R. Barceló, hijo
Doctor Alberto Cibes Viadé
Licenciado Rubén Berríos Martínez
Doctora Margot Arce de Vázquez
Doctora Isabel Gutiérrez del Arroyo
Catedrática Aida Negrón de Montilla
Catedrática Teresa Amadeo Gely
Licenciado Jorge Segarra Olivero

Licenciado José A. Cestero
Licenciado Álvaro Calderón, hijo
Licenciado Manuel Martín Maldonado
Licenciado Emilio A. Soler Mari
Ingeniero Carlos Lázaro García
Arquitecto Gabriel Ferrer Amador
Doctor Néstor Manuel Rodríguez
Catedrático Aristalco Calero
Licenciado Juan Enrique Soltero

El Mundo, 26 de mayo de 1967.

AL GOBERNADOR FERRÉ: SOBRE EL IDIOMA
EN PUERTO RICO

26 de febrero de 1969

Hon. Luis A. Ferré
Gobernador de Puerto Rico
La Fortaleza
San Juan, Puerto Rico

Estimado señor Gobernador:

Según información publicada en el diario *The San Juan Star* del 22 de febrero pasado usted utilizó el idioma inglés en el discurso que el día anterior pronunciara ante la matrícula del Capítulo puertorriqueño de la Sociedad Americana de Ingenieros Mecánicos.

Estamos seguros que nadie se opone a que el Gobernador de Puerto Rico, o cualquier otro puertorriqueño, se comunique en el idioma inglés, o en cualquier otro idioma que no sea el español, con personas que desconocen nuestra lengua. La capacidad de muchos puertorriqueños para comunicarse en más de un idioma, además de enriquecernos culturalmente, nos permite el poder ejercitar más perfectamente la tradicional hospitalidad que siempre nos ha distinguido. Pero una cosa es utilizar el conocimiento de otro idioma para facilitar el diálogo y practicar la cortesía, y otra, muy distinta, el usarlo en la forma en que, según la referida noticia, lo empleó usted en la ocasión mencionada. La prensa informó que el gobernador de Puerto Rico, actuando en su carácter oficial, se dirigió a un grupo de profesionales puertorriqueños haciendo uso del idioma inglés.

Como cuestión histórica es pertinente señalar que es ésta la primera vez que un Gobernador puertorriqueño emplea el idioma inglés para comunicarse con otros puertorriqueños. ¿Se le ocurriría al presidente de los Estados Unidos, o al de Venezuela, dirigirse a un grupo de compatriotas en un idioma que no fuere el de sus respectivos países? ¿Qué razón hay para desviarse de la norma natural y universal de todos los pueblos?

Antes y después de las elecciones, usted siempre ha sostenido que el idioma y la personalidad cultural puertorriqueña no sufren detrimento bajo el actual *status* político y no lo sufrirán ni aún bajo la estadidad. No podría alegar usted ahora que, como gobernador, cuenta con respaldo público para tomarse una iniciativa que a todas luces conflige con lo que han venido practicando hasta ahora los Gobernadores puertorriqueños, y con la política pública del Estado Libre Asociado, claramente enunciada por el Tribunal Supremo de Puerto Rico, en su histórica sentencia del 30 de junio de 1965, en la cual declaró: "Es un hecho no sujeto a rectificación histórica que el vehículo de expresión, el idioma del pueblo puertorriqueño —parte integral de nuestro origen y nuestra cultura hispánica— ha sido y sigue siendo el idioma español".

Respetuosamente protestamos de esta actuación suya como gobernador de Puerto Rico por considerarla lesiva a nuestro idioma y personalidad cultural.

Reciba usted el testimonio de nuestra más alta consideración,

Lic. Eladio Rodríguez Otero
Presidente del Ateneo Puertorriqueño

Rodolfo Cruz Contreras
Presidente del Colegio de Abogados
de Puerto Rico

Félix J. Torres Rosado
Presidente de la Sociedad de
Autores Puertorriqueños

El Mundo, 18 de marzo de 1969.

SEGUNDA CARTA AL GOBERNADOR FERRÉ: SOBRE EL IDIOMA EN PUERTO RICO

11 de marzo de 1969

Hon. Luis A. Ferré
Gobernador de Puerto Rico
La Fortalcza
San Juan, Puerto Rico

Estimado señor Gobernador:

Hemos recibido su comunicación del 4 del corriente en respuesta a nuestra carta del 26 de febrero pasado, en la que protestábamos que usted se hubiera dirigido en el idioma inglés a la matrícula del Capítulo de Puerto Rico de la Asociación de Ingenieros Mecánicos de los Estados Unidos.

Antes de contestar los argumentos que en defensa de su actitud expone usted en su carta, es importante dejar claramente sentado que en el caso de los ingenieros mecánicos no se trataba de una convención o asamblea de las que con frecuencia celebran en San Juan grupos norteamericanos profesionales o de negocios. En situaciones como éstas, por supuesto, a nadie se le ocurriría dirigirse a la concurrencia en un idioma que no fuera el inglés. Son precisamente tales ocasiones las que ponen de manifiesto la conveniencia de que los puertorriqueños conozcan otros idiomas. En el caso que nos ocupa se trataba de una asamblea de puertorriqueños en la cual estaban presentes, como invitados, algunos norteamericanos. Es ésta la clase de acto en que usted considera de rigor dirigirse en inglés a la concurrencia para cumplir con la "buena educación" y "la cortesía y hospitalidad que es proverbial de nuestro pueblo".

Ahora bien, ningún visitante medianamente educado espera ni exige (a no ser que crea en la imposición de una cultura sobre otra) que, en las asambleas o reuniones celebradas en el país que visita y a la que concurre con carácter de invitado, se deje de utilizar el idioma de dicho país y, en su lugar, se emplee el del visitante, por razón de que éste ignora el idioma del pueblo que le brinda hospitalidad. En tales ocasiones, para satisfacer las exigencias de la cortesía, basta con dirigirle a los huéspedes algunas palabras en su propio idioma y, si se estima necesario, proveerles de traducciones. Ésta es la norma que rige en todos los países del mundo, inclusive en los Estados Unidos, y no existe ningún motivo válido para que no se aplique también en Puerto Rico. Nadie debe apelar a la virtud puertorriqueña de la hospitalidad para pretender justificar la violación del derecho de Puerto Rico a mantener su idioma y su cultura en el mismo nivel de dignidad que se le reconoce a otros idiomas y culturas. A esta norma deben atenerse tanto los oradores como los anfitriones de los actos.

Usted no parece percatarse, además, señor Gobernador, de que si su criterio fuese válido habría que aplicarlo en todos los casos en que coincidieran las circunstancias que señala, es decir, la presencia de norteamericanos que no conocen nuestro idioma en algún acto o asamblea en el que todos los demás concurrentes entienden el inglés. Habría que aplicarlo, por ejemplo, en actos celebrados en La Fortaleza y en algunas alcaldías, en las asociaciones profesionales, en reuniones de industriales y financieros, en cátedras y actos universitarios, y en muchas otras ocasiones. ¿Quién se atrevería afirmar que el acto de su toma de posesión como gobernador de Puerto Rico, por el hecho de haberse conducido exclusivamente en español, constituyó una demostración de descortesía y falta de hospitalidad para con los numerosos invitados norteamericanos presentes en el público a quienes no se les extendió el privilegio de escuchar, en su idioma, las palabras allí vertidas por medio del sistema de traducción simultánea?

El segundo argumento aducido por usted es el de que tanto el inglés como el español son idiomas oficiales de Puerto Rico y que, como consecuencia, "es propio y adecuado que tenga uno la libertad de escoger, de acuerdo con las circunstancias". Señor Gobernador, no es cierto que tanto el inglés como el español sean idiomas oficiales de Puerto Rico. No existe ninguna disposición legal al respecto. El texto de la ley de 21 de febrero de 1902, en la que con toda seguridad funda usted su aseveración, no dispone tal cosa. Esa ley se refiere únicamente al empleo indistinto de los dos idiomas en los procedimientos de las ramas ejecutiva y judicial de Puerto Rico. Y después de haber dictado nuestro Tribunal Supremo su histórica sentencia de 30 de junio de 1965, que reafirma el uso exclusivo del español en todos los procedimientos judiciales del Estado Libre Asociado de Puerto Rico, y en vista de la práctica —hasta ahora constante— en el Gobierno de emplear únicamente el idioma español en sus Ramas Ejecutiva y Legislativa, así como en la esfera municipal, dicha ley de 1902 es ciertamente una de muy dudosa vigencia, aparte de que ningún estatuto puede cambiar o alterar la realidad cultural e histórica de que el idioma del pueblo puertorriqueño es el español .

Es interesante notar que en su carta no menciona usted en absoluto la referencia que en la nuestra hicimos de la citada

191

sentencia del Tribunal Supremo, en la cual nuestro más alto tribunal para todos los fines prácticos dejó sin efecto la ley de 1902 al manifestar: "En lo que llevamos del siglo XX el reclamo continuo, ejercido por esta raíz y realidad de nuestra formación cultural y étnica, ha hecho prevalecer el español, sin merma ostensible, en las manifestaciones más íntimas y representativas de nuestra vida diaria: el hogar, la escuela, la religión, los negocios, la literatura, la política, las relaciones obreras y las actividades generales de gobierno; el medio de expresión de nuestro pueblo es el español y ésa es una realidad que no puede ser cambiada por ninguna ley".

Al tratar de defender su "libertad" para hablarle en inglés a un grupo de puertorriqueños conocedores de dicho idioma, al amparo de la mencionada ley, adopta usted una posición similar a la que en el citado litigio asumió la parte perdidosa, el licenciado Robert H. Rout. Alegaba dicho abogado norteamericano que bajo la citada ley el tenía el derecho o "la libertad" de escoger el idioma inglés para postular ante los tribunales del Estado Libre Asociado, ya que no conocía bien el español, mientras que el juez, los abogados y los funcionarios de dichos tribunales conocían el inglés, además del español.

Ningún puertorriqueño, y mucho menos si es gobernador, tiene el derecho de invocar la libertad personal para escoger indistintamente el idioma que ha de utilizar en sus manifestaciones públicas. En los asuntos que atañen al bien común de un pueblo, las actuaciones de los gobernantes deben regirse no por sus preferencias personales, sino por el interés colectivo que ellos representan.

Considere usted, señor Gobernador, la responsabilidad histórica en que incurriría de no desistir de su actitud en esta materia. Porque lo que usted pretende establecer como norma es que, siempre que se celebre en Puerto Rico una reunión o asamblea de puertorriqueños conocedores del idioma inglés

en que haya invitados norteamericanos que desconozcan el
español, los puertorriqueños cedan, en su propia tierra, su derecho a hablar en su propio idioma.

Por las anteriores razones nos ratificamos en nuestra respe-
tuosa pero firme protesta por su actuación y le invitamos a
desistir de una actitud que le causa grave daño a Puerto Rico.

Le saludan atentamente,

Lic. Eladio Rodríguez Otero
Presidente del Ateneo Puertorriqueño

Lic. Rodolfo Cruz Contreras
Presidente del Colegio de
Abogados de Puerto Rico

Félix Torres Rosado
Presidente de la Sociedad de
Autores Puertorriqueños

El Mundo, 18 de marzo de 1969.

TELEGRAMAS

A TEODORO MOSCOSO: SOBRE REACCIÓN DE LOS SENADORES CLAYTON POWELL Y JAMES ROOSEVELT A LAS DECLARACIONES DEL SECRETARIO DE INSTRUCCIÓN SOBRE LA ENSEÑANZA EN EL VERNÁCULO

Sr. Teodoro Moscoso
Alliance for Progress
State Department, Washington DC

Las manifestaciones del Secretario de Instrucción Pública Oliveras reafirmando la política educativa de Puerto Rico, iniciada en 1949, de que la enseñanza en las escuelas del país debe impartirse en el vernáculo y, el inglés, enseñarse como asignatura, han provocado una violenta reacción por parte de los congresistas Clayton Powell, Presidente del Comité de Educación y Trabajo de la Cámara de Representantes de Estados Unidos, y James Roosevelt, habiendo llegado Powell a amenazar con el retiro de fondos federales para nuestros programas educativos. Entendemos que le toca al pueblo de Puerto Rico, única y exclusivamente, el decidir su política educativa y que los pronunciamientos de dichos congresistas constituyen una negación de los más elementales principios democráticos y una intromisión indebida en la vida cultural de nuestro pueblo. Nos dirigimos a su excelencia, en su carácter de Director del Programa de la Alianza para el Progreso, instándole a que interponga sus buenos oficios para evitar que se derroten en Puerto Rico los principios de respeto a los pueblos hispanoamericanos propugnados por el presidente Kennedy y que inspiran dicho programa.

Dr. Pedro Muñoz Amato
Dra. Piri Fernández de Lewis
Lcdo. Roberto Beascoechea Lota
Dr. Héctor M. Dávila Alonso
Lcdo. Eladio Rodríguez Otero
Lcdo. Abrahán Díaz González
Dra. Monelisa Pérez Marchand
Lcdo. José Quiñones Elías
Dr. Rafael Navarro Cádiz

Telegrama, 17 de julio de 1962.
El Imparcial, 18 de julio de 1962.

IDIOMA
ÍNDICE ONOMÁSTICO

IDIOMA
ÍNDICE ANALÍTICO

ser protegidos del discrimen ejercido contra ellos por personas de otro origen en las escuelas de su propia tierra! **103**; ¿Qué queda de la cultura, de la personalidad hispánica de Nuevo México después de haber sido conquistado en 1848 y admitido como el estado número cuarentisiete en 1912? **104**; ...para llegar a ser estado, Puerto Rico tiene que ser norteamericano [estadounidense] no sólo en el orden político-jurídico sino también en el lingüístico-cultural. /...para ser estado, tenemos que transformarnos culturalmente en norteamericanos; que para ser estado ¡tenemos que estar dispuestos a dejar de ser puertorriqueños! **106**

Correcta pedagogía: ¿Cuál es el factor determinante de que los puertorriqueños no alcancen el grado de dominio de su idioma materno —particularmente en su aspecto oral— característico en españoles e hispanoamericanos?, **55**; ...cuándo, a qué edad, deberá iniciarse a los puertorriqueños en el aprendizaje del inglés? / "Para aprender inglés debemos conocer antes suficientemente nuestro idioma." **59**; Hasta el punto de que no han faltado quienes hayan sugerido que ante la supuestamente inevitable realidad, los puertorriqueños, desdoblando su personalidad, deben disponerse a aceptar, casi como un ideal, el estudio y empleo del español para las letras y las artes, y del inglés para las ciencias exactas y la tecnología. Tal proposición podría ser aceptable para un pueblo que tuviese como lengua un mero dialecto, o para una nación de escasa población y cuyo idioma no se hablara en ninguna otra parte del mundo, pero no para un pueblo

como el nuestro, poseedor de uno de los grandes idiomas universales... **78-79**; En todos los países del mundo —parece que Puerto Rico es la excepción— el medio de enseñanza es la lengua materna. **94**; para que los padres de familia usen razonablemente su derecho paterno sobre la educación de los hijos, es imprescindible que conozcan y tengan en cuenta el parecer de los peritos en materia de enseñanza, esto es, los pedagogos. **95**; ...no se puede citar ni un solo pedagogo, local o extranjero, que sostenga que el método natural y razonable de enseñanza es usar, como medio de instrucción, una lengua que no sea la materna. **96**; ...no es posible que se siga permitiendo, por razones que nada tienen que ver con la ciencia pedagógica, que, en nuestro país, existan dos sistemas educativos en abierto conflicto en cuanto a sus métodos y propósitos, como lo son el de la escuela pública, que enseña en el vernáculo, y el de la mayor parte de las escuelas privadas, que, en clara oposición a la cultura puertorriqueña, y a las normas pedagógicas universalmente reconocidas, se obstinan en mantener la enseñanza de los conocimientos en un idioma que no es el vernáculo de sus estudiantes. **115**; ...todos los otros idiomas que podamos adquirir son subsidiarios de la lengua materna ... /..."la educación en el idioma vernáculo es, para todo pueblo, una cuestión del más vital interés; y que tal educación, por su misma naturaleza, debe tener precedencia sobre todas las demás ramas del saber". **163-164**; "El lenguaje vernáculo, pues, no sólo no es materia de importancia inferior, o tiene la misma categoría que las demás ramas de la educación, sino que es el fundamento y requisito indispensable de todas las demás". **164**; "Para comprender lo absurdo de esta tesis, bastará imaginarse cómo recibiría cualquier comunidad norteamericana la proposición de que todas las asignaturas del programa se enseñasen en francés o en español, con el fin de que los niños practicaran el idioma extranjero objeto de su estudio". **165**; Rechazamos la alegación de que son los padres de familia quienes han impuesto ese sistema a la escuela católica. Lo que la gran mayoría de los padres, por razones obvias, demanda en este sentido de la escuela (pública o privada, católica o no católica) es que enseñe bien el inglés. Ningún padre bien informado puede exigir que, para el propósito de enseñar bien un idioma diferente al materno, la escuela adopte y mantenga un sistema que, por el hecho de lesionar gravemente el idioma materno, jamás se ha establecido, para dicho propósito, en ningún país del mundo, inclusive en los Estados Unidos. **167**; No es la voluntad de los padres de familia, ni la de los maestros, ni la del Secretario de Instrucción Pública, ni la del Gobernador, ni la de las Cámaras Legislativas, ni la de los sacerdotes, ni la de la jerarquía eclesiástica, ni la del Colegio de Cardenales, ni la del mismísimo Papa, lo que determina el idioma en que deba enseñarse a los niños (en Puerto Rico o en cualquier otro país); lo que determina el idioma de la enseñanza es un simple hecho: la lengua vernácula de los estudiantes.

Y es que en este asunto coinciden el sentido común y la ciencia pedagógica. Sobre esta materia no cabe tener opiniones propias ni diferencias de criterio entre intelectuales y no intelectuales, feligreses o no feligreses, padres de familia o maestros, ricos o pobres, católicos o no católicos, cristianos o gentiles. **178**

Cultura nacional: 16-17

El absurdo de no favorecer la enseñanza en el vernáculo: 11-15; ...rechazo de aquel absurdo sistema que imponía la enseñanza en inglés de todas las materias en la escuela pública. **52**

El Idioma: Deberíamos erigir un gran monumento para honrar a todos los que a lo largo de tantos años, y a costa de innumerables sacrificios, hicieron posible la salvación y triunfo final del idioma español en Puerto Rico y, con ello, la supervivencia de la puertorriqueñidad. / "El idioma no es negociable" afirman terminantemente los independendistas, populares, estadoístas, socialistas y marxistas. No existe un solo puertorriqueño que levante su voz para tomar excepción de lo que, por fin, después de setenticinco años, es el sentir colectivo de Puerto Rico. **21**; ...fuerza vital que ha hecho posible la supervivencia de Puerto Rico. **24**; ...el idioma español es nuestro idioma y a él no renunciaremos jamás... **70**

Escuelas católicas: 83; **84**; **86**; Es principio fundamental de la Iglesia Católica el reconocimiento de los derechos naturales del hombre y, entre ellos, se destaca el que tienen los niños a ser educados en su idioma materno. La negación de este derecho plantea no sólo un problema educativo, sino un serio problema de conciencia a los padres de familia que deseamos que nuestros hijos reciban una sólida educación católica sin verlos afectados en su formación cultural como puertorriqueños. **87**; **88**; ...de acuerdo con las directrices de la Santa Sede, los sacerdotes, misioneros y maestros, en el mundo entero, enseñan en el idioma de los educandos, aún en aquellos casos en que dicho medio lingüístico no es tan siquiera un idioma de los considerados de importancia universal. **89-90**; **96**; **110**; **121**; **133**; ...lo que yo he sugerido es una declaración pública de las autoridades eclesiásticas en que se afirme el principio de que la enseñanza debe impartirse en el idioma vernáculo. **135**; **144**; **146**; **161**; **162**. La esperanza de que las escuelas católicas adoptaran también la enseñanza en español quedó frustrada. Oponiéndose a los dictados de la ciencia pedagógica, al sentir del pueblo puertorriqueño, y, lo que es más grave aún, a la propia tradición católica de respeto a los idiomas vernáculos, las escuelas católicas (con notables excepciones), no sólo han mantenido la enseñanza en inglés, sino que la han intensificado aún más, e incluso han llegado a enorgullecerse de un sistema de enseñanza que constituye "la negación de todos los principios de la pedagogía moderna". **165**; **166**; Es gloriosa la tradición educativa de la Iglesia Católica, y en los últimos siglos han brillado, como precursores y fundadores de los modernos sistemas de enseñanza, figuras tan ilustres como Santa Ángela Merici, San Ignacio de Loyola,

San José de Calasanz, San Juan Bautista de La Salle —considerado como el Padre de la moderna pedagogía— Santa Magdalena Sofía Barat, y el Beato Marcelino de Champagnat. Es doloroso que, contando con tales antecedentes, nuestra escuela católica, que pudo y debió haber sido no sólo la colaboradora sino la iniciadora del movimiento que llevó a la adopción del español como idioma de la enseñanza en Puerto Rico, mantenga una posición contraria al régimen pedagógico vigente en la escuela pública y cuya aplicación a todo el sistema educativo de Puerto Rico es de vital importancia para la formación de nuestros niños, el porvenir de la cultura puertorriqueña y el bienestar de la religión misma. **167-168**; **169**; **180**

Estadidad jíbara: 20

Identidad nacional: ...el idioma es inseparable del concepto de nación. /...Puerto Rico es un pueblo con tradición histórica y características propias y definidas, con el convencimiento de que tenemos un destino colectivo que no se identifica con España, ni con los Estados Unidos, ni con ningún otro país. **22**; ...la industria turística de Puerto Rico ... debe ser factor afirmativo de nuestra cultura y personalidad nacional. **30**; ...el más grave de los males que aquejan en este momento a la personalidad nacional puertorriqueña es el deterioro del idioma, empobrecido en el léxico y perturbado en la sintaxis. **40**; ...Puerto Rico tiene actualmente una mayor conciencia de su identidad como nación que la que tenía al comenzar el presente siglo. / ...la identidad nacional de Puerto Rico resulta tan palpable para cualquier observador, como podría serlo la identidad nacional de la República Dominicana o la de Costa Rica. No es como creen algunos, equivocadamente, un pueblo con apegos, lealtades y sentimientos meramente regionales, como los de la comunidad que componen los habitantes del estado de Texas o el de Georgia. **75-76**; Además de una nación, y por razones históricas, geográficas y culturales, Puerto Rico es, también, parte integrante de la comunidad de pueblos hispanoamericanos. **76**; Todos los puertorriqueños tenemos conciencia de que nuestro idioma es elemento esencial de nuestra nacionalidad, de nuestro modo de ser como pueblo. En su defensa estamos todos moralmente comprometidos. **97**; De todos los problemas con que actualmente se confronta Puerto Rico el más grave es el de su idioma y cultura, que es como decir el de su identidad, el de su propio ser. / Pero esta pugna entre España y la nacionalidad puertorriqueña, que entonces cristalizaba, nunca pasó de ser una lucha por la afirmación de una modalidad, de una distinta manera de ser dentro de la gran familia de la hispanidad. **107**

Idioma materno: 32; 33; 53; 56; 59

Idioma nativo: 33; 59

Incompatibilidad del idioma español y la estadidad: 3-6

Independencia: Creo con firmeza que nuestro pueblo debe encaminarse hacia una meta que le proporcione el mayor grado de libertad política y seguridad económica dentro de un marco de estrechas y singulares relaciones con los Estados Unidos, de fraternal vinculación con Hispanoamérica y de sincera amistad con los demás pueblos del mundo. Y esa meta no puede alcanzarla sino con la independencia. **100**

Inmigración: ...no es posible ordenar eficazmente el desarrollo económico, social y cultural de un pueblo sin controlar la entrada de extranjeros a su territorio... **114**

La verdad ampara: ...la inteligencia, cuando se esgrime en defensa de la verdad, siempre se proyecta luminosa y rectilínea a través de los siglos. **58**

Lengua materna: 33; 57; 163

Lengua vernácula: ..."para aprender una lengua extranjera primero es necesario dominar a profundidad la lengua vernácula". **34**

Lucha cultural: ..."perder la personalidad un pueblo es perder su vida..." **8**; "El intento de subordinar todas las actividades escolares al propósito de enseñar inglés, usando este idioma como vehículo –concluye Cebollero– ... es la negación de todos los principios de la educación moderna". **14-15**; ...Puerto Rico se encuentra aún en medio de una dura contienda por conservar su perfil nacional. **17**; ...nuestra cultura está sometida constantemente a las extraordinarias e injustas presiones que se derivan del status colonial. **17**; ...los puertorriqueños coinciden con firmeza en que el español debe mantenerse como nuestro idioma... **20**; El idioma no es negociable... **21**; ...hemos rechazado todos los intentos realizados para destruir la unidad lingüística de Puerto Rico. **24**; ...mientras el poder para tomar las decisiones fundamentales ... resida en los Estados Unidos, no podremos detener el proceso de transculturación... **44**; ...determinación del país a continuar siendo lo que por su historia y su naturaleza es: una nación hispanoamericana. **52**; El idioma español es dos veces nuestro. Primero, por herencia. Segundo, porque no sólo lo hemos sabido defender y retener frente a violentos y persistentes ataques, sino porque lo hemos enriquecido con nuestras aportaciones literarias y lexicográficas. /...el idioma nacional de Puerto Rico como resultado no del azar histórico, sino de la voluntad de lucha, de la decisión inquebrantable de este pueblo... **55**; ¿En cuáles otros países existe un sistema educativo en el cual se enseñe obligatoriamente un idioma extranjero desde el primer año de escuela elemental? Contestación: En ninguno. ... ¿Es Puerto Rico la excepción por razones pedagógicas y culturales o por razones políticas? **56**; ...Puerto Rico ha vivido en un estado de directa subordinación a los valores políticos, culturales y morales de otro país y sometido a un intenso y sistemático proceso de transculturación en todos los órdenes de su vida. **66**; Este pueblo ha librado y libra, en este momento, una recia lucha por conservar su lengua, que es como decir por conservar su vida. / ...nuestros abuelos, hubieron de oponer un NO a las numerosas e insistentes tentativas de suplantación de nuestro idioma, de la misma manera que nosotros hemos respondido y mil veces responderemos con un rotundo NO cuantas veces se repita la tentativa. /...hemos

conservado el idioma porque así lo hemos deseado y querido, y porque para lograrlo hemos luchado con valor y tesón. **67**; ...surgieron en el horizonte los buques de guerra de una nación casi totalmente desconocida para nuestro pueblo, que reclamaba, en su ímpetu avasallante, el dominio de nuestro territorio y la dirección de nuestro espíritu. / Hagamos una pausa para reflexionar sobre la naturaleza del dominio que Estados Unidos reclamaba en relación con Puerto Rico. Pretendía no sólo el dominio de nuestro territorio y de nuestra economía; reclamaba también el dominio de nuestro espíritu. / ...lo que más resiente un pueblo (más que la pérdida de sus bienes materiales) es que se le trate de imponer una transmutación de su ser, de su personalidad, de su identidad. /...Estados Unidos, pueblo joven, con el ímpetu irrefrenable de la temprana juventud, y falto de experiencia en el trato con otras naciones, intentó hacer con Puerto Rico lo imposible: la transmutación de nuestra personalidad. **74-75**; ...el proceso de transculturación tuvo como principal instrumento la escuela pública, en donde el idioma español quedó relegado a la categoría de una simple asignatura. **75**; Fue en 1898 cuando empezó la verdadera batalla, la radical confrontación entre las formas de vida de la nación puertorriqueña y la del gigante en ciernes, que luego habría de convertirse en el más grande poder que ha conocido la historia. **107-108**; El presidente McKinley, en sus instrucciones al primer gobernador civil, Mr. Allen, le dijo que su misión más importante era "preparar a los puertorriqueños para la estadidad lo más rápidamente posible". Esto implicaba, desde luego, un previo proceso de americanización masiva. / Desde el 1898 hasta la terminación de la Segunda Guerra Mundial, en 1945, los principales medios utilizados con el propósito de suplantar nuestro idioma y cultura fueron: la actividad oficial, la escuela pública, y las instituciones religiosas. **108**; ...cupo el honor y la gloria a la Asociación de Maestros de Puerto Rico de dirigir la gran lucha que culminó ... en el decreto de 1949 ... que estableció, en forma definitiva, la enseñanza en el vernáculo en las escuelas públicas de Puerto Rico. / La segunda etapa en el proceso para desplazar el idioma y la cultura puertorriqueña comenzó después de la terminación de la Segunda Guerra Mundial ...[con] la acelerada expansión a Puerto Rico de las poderosas fuerzas económicas e industriales de los Estados Unidos. **109-110**; La expansión económica norteamericana, y la llegada de los inmigrantes, se inició en un momento en que Puerto Rico no tenía, como no tiene aún, los poderes para controlar y ordenar esas influencias en orden a la protección y resguardo de sus propios intereses. **110**; Hablemos con franqueza ... no es posible el logro total de sus "ideales" anexionistas y asimilistas sin que se restablezca en todas las escuelas públicas y privadas de Puerto Rico la enseñanza de todas las materias en el idioma inglés. **129**; El actual proceso de industrialización (que en su mayor parte es una extensión de la economía de los Esta-

dos Unidos en Puerto Rico) ha servido como instrumento eficaz para sustituir gradualmente nuestro idioma por el de los inversionistas, empresarios y técnicos norteamericanos. **145**; Pero en Puerto Rico —dada su anormal situación de subordinación política, económica y cultural a los Estados Unidos— más que interferencia lo que existe es una peligrosa pugna entre el español y el inglés... **154**; Nadie debe apelar a la virtud puertorriqueña de la hospitalidad para pretender justificar la violación del derecho de Puerto Rico a mantener su idioma y su cultura en el mismo nivel de dignidad que se le reconoce a otros idiomas y culturas. **190**

Minorías de los Estados Unidos: No basta ... con defender el idioma en Puerto Rico como lo hacen los mexicanos o los *neoricans* en los Estados Unidos. / El pueblo puertorriqueño es una nación, no una minoría nacional o grupo cultural. **23**

Momento histórico: ...el momento histórico que vivimos exige la confrontación total con las fuerzas asimilistas que conducen el país hacia su entrega definitiva. **47**; ¡Ya es tiempo de que nos enfrentemos al problema de nuestra supervivencia colectiva...! **49**

Neoricans: ...emigrantes puertorriqueños los cuales, en su mayor parte, regresan a su país de origen transformados cultural y sicológicamente en seres marginales: no son ni puertorriqueños ni norteamericanos. Alguien los ha llamado nuestros mozárabes. **110**

Peligrosa disociación: Resulta sumamente peligroso para la vida social esa disociación entre el mundo político y económico, y los altos valores de la cultura. **72**

Peligroso dualismo: ...los puertorriqueños han vivido, en su gran mayoría ... entregados a un anormal y peligroso dualismo sicológico-político... / La experiencia ha comprobado que, bajo los Estados Unidos, este dualismo, este ser y no ser, nos llevará eventualmente a la desaparición como pueblo hispanoamericano. ¡Pero aún estamos a tiempo para salvarnos! **49**

Reforma escolar, inconclusa: ...¿por qué el Secretario de Instrucción no formula un plan para que se enseñe en español a los alumnos de nuestras escuelas privadas? **15**; ...confiar en que, en un futuro próximo, nuestro sistema escolar se pondrá a tono con lo que es norma universal en el campo de la pedagogía. **34**; ...hay todavía millares de escolares puertorriqueños que reciben la educación en inglés en muchas escuelas privadas que se obstinan en impartir la enseñanza en dicho idioma. El problema tiene vastas repercusiones culturales. **53**; El sistema educativo de Puerto Rico debe colocarse a la altura del desarrollo ascendente que ha tenido, y tiene, el país en su ruta hacia la total afirmación de su personalidad como pueblo hispanoamericano. **61**

Soberanía: Sólo [con la soberanía] en manos de nuestro pueblo podremos ordenar juiciosamente nuestra economía y proteger con efectividad nuestro idioma y cultura. **19**; Si los puertorriqueños no tenemos el poder de fijar nuestros propios aranceles de aduana, ni de establecer relaciones diplomáticas con otras naciones; si no podemos evitar que la metrópoli envíe nuestros hijos a sus guerras; si no está en nuestras manos determinar quiénes son las personas que deben o no entrar a nuestro territorio; si carecemos de autoridad para dirigir y ordenar el desarrollo de nuestra industria, economía y comercio; si no controlamos nuestras comunicaciones con el exterior ni tenemos pleno dominio sobre las internas; si no podemos, en fin, tomar nuestras propias decisiones sobre los asuntos que nos atañen como pueblo, aunque el Gobernador y los miembros del gabinete, los senadores, los representantes y el Jefe de la Policía sean puertorriqueños, no podremos subsistir como nación. **46**; Ningún país puede subsistir si no elimina a tiempo las causas generadoras de su propia disolución. Nada que no sea la transferencia de la soberanía a Puerto Rico, llámesele como se le llame al sistema político resultante, podrá darnos el poder necesario para eliminar el peligro que se cierne sobre nuestra existencia misma. **48**; Cincuenta años después de la muerte de este ilustre paladín de la libertad, de la lengua y de la raza, ante su tumba nos preguntamos: ¿Ha variado fundamentalmente la situación puertorriqueña? ¿Somos los dueños de nuestro propio destino? / Setenta años después de la llegada del General Miles a la bahía de Guánica, los puertorriqueños no disfrutamos en la actualidad ni siquiera de los derechos colectivos que nos reconoció la Carta Autonómica concedida por la monarquía española el 25 de noviembre de 1897. **118**

Subordinación del idioma español

**por parte de las empresas nor-
teamericanas: 7-10**

Subordinación política: ...presente
régimen de subordinación política, cultural y económica ... amenaza con destruir nuestra existencia como Pueblo. **50**

Valores del espíritu: No se trata, por
supuesto, de exigir que el poder
político y económico esté en manos de los intelectuales, sino de
evitar que los altos valores del espíritu dejen de orientar las decisiones que surgen del ejercicio de
esos poderes. **72**

Vernáculo: 8; **12**; **34**; **58**; **68**; **83**; **87**;
90; ...¡aunque parezca increíble!,
se inducía a los estudiantes puertorriqueños a menospreciar su
idioma vernáculo y su propia cul-
tura. **108**; **111**; **113**; **115**; **133**; **135**;
144; **146**; **147**; **163**; **164**; **166**; **167**;
171; **173**; **174**; **176**; **178**; **182**; **197**

TABLAS DE CONTENIDO DE LOS OTROS TEMAS

TOMO DE POLÍTICA

PALABRAS

DISCURSOS

DECLARACIONES

CARTAS Y TELEGRAMAS

TOMO DE RELIGIÓN Y MORAL

GESTIONES COLECTIVAS

CARTAS PÚBLICAS Y DECLARACIONES

CARTAS Y TELEGRAMAS

CAMPAÑA PRO OBISPOS PUERTORRIQUEÑOS

ARTÍCULOS PERIODÍSTICOS

DECLARACIONES Y CARTAS

GESTIONES COLECTIVAS

DECLARACIONES

CARTAS Y TELEGRAMAS

TOMO DE ATENEO

    por Eladio Rodríguez Marxuach   ix

ARTÍCULOS PERIODÍSTICOS

    El Libertador en Vieques   3
    Los noventicinco años del Ateneo...   6
    Defensa y elogio de José Julián Acosta......................................   11
    Confrontación ideológica en el Ateneo   15
    Los 99 años del Ateneo   18
    Reafirmación del Ateneo   22
    Símbolos para un Centenario   26
    Perfil de Samuel R. Quiñones   30

DISCURSOS

    Clausura de los Juegos Florales en celebración del 450
        Aniversario de la Ciudad de San Juan,
        capital de Puerto Rico   37
    El Ateneo Puertorriqueño: examen del pasado y
        perspectiva del futuro   43
    La libertad de prensa en Puerto Rico   74
    Elogio a Tomás Blanco   88
    Ateneo: ¿Templo de una sola ideología?   97
    En el Centenario del Ateneo   128
    Acto de Clausura del Año del Centenario del
        Ateneo Puertorriqueño   145

PALABRAS

    Homenaje a don Emilio S. Belaval   153
    Simón Bolívar y Puerto Rico...   158
    Homenaje a don Jesús Figueroa   165
    Lares y el Ateneo Puertorriqueño   170
    Juan Ponce de León, fundador del Pueblo Puertorriqueño   176
    En ocasión de los Certámenes del Ateneo en el
        Festival de Navidad   179
    In Memoriam de don Ramón Menéndez Pidal   185
    Homenaje del Ateneo a José M. Lázaro   189
    En el 186 Aniversario del Natalicio de Simón Bolívar   194
    In Memoriam del doctor Guaroa Velázquez.................................   198
    En honor a Andrés Salvador Vizcarrondo y Ortiz de Zárate   202
    La escultura de Betances de don Pablo Serrano...........................   205
    Homenaje a Román Baldorioty de Castro....................................   208

GESTIONES COLECTIVAS

CARTAS Y TELEGRAMAS